I0567777

DISCLAIMER

The author and publisher are providing this book and its contents on an "as is" basis and make no representations or warranties of any kind with respect to this book or its contents. The author and publisher disclaim all such representations and warranties, including but not limited to warranties of merchantability. In addition, the author and publisher do not represent or warrant that the information accessible via this book is accurate, complete, or current.

Except as specifically stated in this book, neither the author nor publisher, nor any authors, contributors, or other representatives will be liable for damages arising out of or in connection with the use of this book. This is a comprehensive limitation of liability that applies to all damages of any kind, including (without limitation) compensatory; direct, indirect, or consequential damages; loss of data, income, or profit; loss of or damage to property; and claims of third parties.

BESTACTIVITYBOOKS.COM

FIRST EDITION - Published 2022

Extra Graphic Material From: www.freepik.com
Thanks to: Alekksall, Starline, Pch.vector, Rawpixel.com, Vectorpocket, Dgim-studio, Upklyak, Macrovector, Stockgiu, Pikisuperstar & Freepik.com Designers

This Book Comes With Free Bonus Puzzles

Available Here:

BestActivityBooks.com/WSBONUS20

5 TIPS TO START!

1) HOW TO SOLVE

The Puzzles are in a Classic Format:

- Words are hidden without breaks (no spaces, dashes, ...)
- Orientation: Forward & Backward, Up & Down or in Diagonal (can be in both directions)
- Words can overlap or cross each other

2) ACTIVE LEARNING

To encourage learning actively, a space is provided next to each word to write down the translation. The **DICTIONARY** allows you to verify and expand your knowledge. You can look up and write down each translation, find the words in the Puzzle then add them to your vocabulary!

3) TAG YOUR WORDS

Have you tried using a tag system? For example, you could mark the words which have been difficult to find with a cross, the ones you loved with a star, new words with a triangle, rare words with a diamond and so on...

4) ORGANIZE YOUR LEARNING

We also offer a convenient **NOTEBOOK** at the end of this edition. Whether on vacation, travelling or at home, you can easily organize your new knowledge without needing a second notebook!

5) FINISHED?

Go to the bonus section: **MONSTER CHALLENGE** to find a free game offered at the end of this edition!

Want more fun and learning activities? It's **Fast and Simple!**
An entire Game Book Collection just **one click away!**

Find your next challenge at:

BestActivityBooks.com/MyNextWordSearch

Ready, Set... Go!

Did you know there are around 7,000 different languages in the world? Words are precious.

We love languages and have been working hard to make the highest quality books for you. Our ingredients?

A selection of indispensable learning themes, three big slices of fun, then we add a spoonful of difficult words and a pinch of rare ones. We serve them up with care and a maximum of delight so you can solve the best word games and have fun learning!

Your feedback is essential. You can be an active participant in the success of this book by leaving us a review. Tell us what you liked most in this edition!

Here is a short link which will take you to your order page.

BestBooksActivity.com/Review50

Thanks for your help and enjoy the Game!

Linguas Classics Team

1 - Antiques

R	M	X	A	K	I	M	S	T	I	J	L	T	Q	V	F
E	Q	O	H	W	U	K	W	A	L	I	T	E	I	T	H
S	T	Q	X	N	G	N	I	R	E	T	S	E	V	N	I
T	N	A	G	E	L	E	S	Z	G	A	K	J	G	R	G
A	U	U	Y	D	N	M	F	T	X	L	K	F	I	D	G
U	X	K	O	A	V	M	C	Z	U	Y	O	Z	K	R	N
R	X	A	A	R	F	E	I	T	A	R	O	C	E	D	P
A	W	J	B	E	G	U	V	C	V	E	I	L	I	N	G
T	N	O	G	I	A	B	B	B	S	V	G	Y	T	E	Q
I	O	C	A	S	L	I	K	X	X	H	C	U	N	T	E
E	O	U	D	E	E	L	N	X	N	Y	E	H	E	N	Y
Z	W	P	Q	E	R	A	R	M	T	I	D	E	H	U	T
J	E	Z	A	U	I	I	D	J	I	Q	R	H	T	M	Q
U	G	F	O	W	J	R	G	H	A	S	A	X	U	C	S
A	N	V	E	R	Z	A	M	E	L	A	A	R	A	E	L
W	O	I	B	E	E	L	D	H	O	U	W	W	E	R	K

KUNST
VEILING
AUTHENTIEK
EEUW
MUNTEN
VERZAMELAAR
DECORATIEF
ELEGANT
MEUBILAIR
GALERIJ
INVESTERING
SIERADEN
OUD
PRIJS
KWALITEIT
RESTAURATIE
BEELDHOUWWERK
STIJL
ONGEWOON
WAARDE

2 - Food #1

B	K	A	N	E	E	L	Y	S	P	S	T	A	F	S	V
F	A	C	R	V	D	E	D	Z	G	P	E	R	S	O	W
N	Z	S	O	O	K	I	R	B	A	I	T	N	A	E	O
A	W	T	I	Z	Z	J	R	Z	L	N	I	S	P	P	R
B	C	U	C	L	V	I	H	K	H	A	L	X	B	I	T
C	T	L	B	F	I	P	E	E	R	Z	M	E	L	K	E
S	A	L	A	D	E	C	K	R	E	I	U	L	H	D	L
G	D	Q	V	X	K	N	U	H	K	E	E	W	C	Q	W
H	N	J	I	N	O	T	V	M	I	Z	D	C	K	X	L
G	I	W	T	P	O	S	X	J	U	J	O	I	X	C	N
W	P	Z	J	S	L	R	V	H	S	V	X	U	D	Z	Q
B	A	V	R	V	F	E	M	L	H	Y	W	Q	T	N	T
A	A	W	B	K	O	G	C	I	T	R	O	E	N	A	N
I	R	K	S	V	N	R	M	I	Q	Y	Q	C	Z	M	B
W	G	P	U	Y	K	X	J	D	V	O	A	M	N	R	J
W	F	W	E	I	A	A	R	D	B	E	I	I	S	N	L

ABRIKOOS
GERST
BASILICUM
WORTEL
KANEEL
KNOFLOOK
SAP
CITROEN
MELK
UI
PINDA
PEER
SALADE
ZOUT
SOEP
SPINAZIE
AARDBEI
SUIKER
TONIJN
RAAP

3 - Measurements

F	K	H	D	M	E	P	D	K	P	M	B	X	V	U	E
K	U	O	I	M	A	S	L	U	Y	Q	I	P	F	N	O
I	V	O	E	C	B	S	J	V	B	W	K	N	I	Q	J
P	E	G	P	Q	R	Q	S	S	I	Y	K	H	U	F	I
M	J	T	T	I	E	F	S	A	T	P	I	Y	J	U	Q
Z	E	E	E	D	E	D	E	R	E	D	S	K	D	N	T
H	T	T	M	A	D	X	X	P	L	E	N	G	T	E	D
L	W	P	E	A	T	Z	B	S	Y	Z	O	A	H	R	E
G	R	A	M	R	E	X	X	G	P	L	B	T	C	K	C
H	V	J	H	G	B	Y	T	E	O	I	J	G	I	R	I
C	E	N	T	I	M	E	T	E	R	T	G	T	W	L	M
N	M	A	R	G	O	L	I	K	W	E	C	O	E	P	A
I	U	C	D	E	Y	K	H	S	F	R	A	N	G	R	A
B	L	K	I	L	O	M	E	T	E	R	X	O	E	Q	L
K	O	G	L	E	X	N	F	T	I	H	O	Z	V	X	M
J	V	J	Z	D	X	Z	W	C	R	Z	Y	M	K	J	R

BYTE
CENTIMETER
DECIMAAL
GRAAD
DIEPTE
GRAM
HOOGTE
INCH
KILOGRAM
KILOMETER
LENGTE
LITER
MASSA
METER
MINUUT
ONS
TON
VOLUME
GEWICHT
BREEDTE

4 - Farm #2

S	C	H	U	U	R	H	M	Y	X	O	I	J	P	Z	C
E	L	S	F	M	E	K	A	T	A	R	W	E	I	K	Y
R	A	N	U	W	O	D	C	I	X	A	N	X	Z	S	V
T	G	H	F	S	B	Z	X	U	V	O	E	D	S	E	L
G	R	B	P	X	R	N	H	R	H	E	R	D	E	R	W
O	V	A	O	B	V	P	L	F	V	O	E	T	N	W	E
E	B	E	C	O	S	C	H	A	A	P	I	Y	G	I	I
V	E	T	V	T	M	I	T	M	F	P	D	L	E	N	D
X	E	N	L	B	O	G	Q	A	R	B	O	A	R	D	E
I	V	E	D	O	S	R	A	L	N	O	Q	M	S	M	K
T	R	O	G	M	E	L	K	A	J	O	P	O	T	O	Y
I	R	R	I	G	A	T	I	E	R	C	E	A	Y	L	R
U	J	G	D	H	L	B	E	Z	K	D	V	T	U	E	L
H	A	A	D	Q	W	X	X	T	J	H	C	L	G	N	D
U	R	J	P	S	M	B	R	I	T	W	K	J	R	Z	E
M	A	Ï	S	D	T	C	F	O	Y	S	E	K	Q	B	G

DIEREN
GERST
SCHUUR
MAÏS
EEND
BOER
VOEDSEL
FRUIT
IRRIGATIE
LAM
LAMA
WEIDE
MELK
BOOMGAARD
SCHAAP
HERDER
TRACTOR
GROENTE
TARWE
WINDMOLEN

5 - Books

I	G	D	B	L	F	Y	R	R	L	A	O	L	T	Y	D
P	N	E	C	C	G	E	D	J	I	Z	D	A	L	B	U
O	C	V	D	V	R	J	X	W	T	O	H	A	Z	U	A
Ë	O	G	E	I	B	Q	W	R	E	C	U	H	C	L	L
Z	N	E	A	N	C	N	R	A	R	O	M	R	H	F	I
I	T	S	T	U	T	H	V	P	A	L	O	E	I	X	T
E	E	C	N	H	T	I	T	N	I	L	R	V	S	T	E
Z	X	H	A	S	S	E	E	G	R	E	I	X	T	R	I
V	T	R	V	V	G	H	U	F	U	C	S	R	O	A	T
G	F	E	E	U	E	V	O	R	U	T	T	W	R	G	P
F	A	V	L	L	E	Z	E	R	T	I	I	O	I	I	T
D	M	E	E	W	L	M	T	C	N	E	S	Z	S	S	W
O	O	N	R	O	M	A	N	X	O	Y	C	N	C	C	E
V	E	R	T	E	L	L	E	R	V	C	H	X	H	H	D
M	N	K	Q	B	J	O	V	F	A	E	P	I	S	C	H
V	B	Q	T	H	W	W	A	K	F	M	Z	C	D	G	G

AVONTUUR
AUTEUR
COLLECTIE
CONTEXT
DUALITEIT
EPISCH
HISTORISCH
HUMORISTISCH
INVENTIEF
LITERAIR

VERTELLER
ROMAN
BLADZIJDE
GEDICHT
POËZIE
LEZER
RELEVANT
VERHAAL
TRAGISCH
GESCHREVEN

6 - Meditation

A	A	A	N	V	A	A	R	D	I	N	G	B	F	R	O
G	D	I	E	H	R	A	A	B	K	N	A	D	X	D	Q
X	K	E	I	Z	U	M	M	V	K	H	P	V	K	X	M
I	P	O	M	G	U	D	R	A	L	Q	K	M	C	C	E
A	U	F	L	H	T	H	C	A	D	N	A	A	C	M	K
H	N	X	A	Y	A	O	X	C	F	F	D	E	Y	D	X
J	E	C	K	J	N	L	L	E	R	E	N	I	U	Z	M
A	T	L	G	L	X	Q	I	K	O	Z	S	E	N	X	K
J	H	D	D	E	I	X	G	N	I	G	E	W	E	B	W
O	C	R	E	E	L	L	U	D	G	O	I	D	G	D	A
N	A	C	W	R	R	U	M	Q	B	Y	T	V	O	Q	K
Q	D	W	K	G	Q	H	K	X	B	M	O	R	D	V	K
G	E	G	E	E	S	T	E	Y	M	B	M	E	E	N	E
R	G	S	T	I	L	T	E	I	Q	T	E	D	D	U	R
M	E	N	T	A	A	L	G	D	D	A	P	E	E	L	H
P	E	R	S	P	E	C	T	I	E	F	I	S	M	Y	D

AANVAARDING
AANDACHT
WAKKER
ADEMHALING
KALM
HELDERHEID
MEDEDOGEN
EMOTIES
DANKBAARHEID
GELUK
MENTAAL
GEEST
BEWEGING
MUZIEK
NATUUR
VREDE
PERSPECTIEF
STILTE
GEDACHTEN
LEREN

7 - Days and Months

L	E	O	R	G	A	D	S	N	I	D	F	S	V	O	R
W	Q	K	M	A	A	N	D	J	A	N	U	A	R	I	Y
G	X	T	Q	D	V	Y	R	D	O	O	Z	F	B	W	I
P	X	O	G	N	F	Z	A	T	E	R	D	A	G	B	Q
F	L	B	W	O	E	N	E	S	I	P	U	X	A	M	K
D	I	E	C	Z	B	O	O	H	W	Y	J	T	D	I	Y
E	E	R	U	J	R	J	L	V	O	E	E	C	J	X	J
I	K	E	Z	K	U	W	N	M	E	A	G	O	I	S	R
N	R	B	U	A	A	R	T	O	A	M	S	C	R	S	F
P	F	M	X	L	R	J	U	L	I	A	B	B	V	U	D
H	W	E	R	E	I	U	A	U	C	E	N	E	S	T	P
X	N	T	L	N	A	T	H	J	H	H	P	D	R	S	F
F	R	P	T	D	N	R	S	W	A	O	V	K	A	U	G
X	V	E	F	E	G	A	D	R	E	D	N	O	D	G	P
K	L	S	L	R	G	A	D	S	N	E	O	W	Y	U	O
A	P	R	I	L	Z	M	J	A	A	R	K	P	E	A	J

APRIL
AUGUSTUS
KALENDER
FEBRUARI
VRIJDAG
JANUARI
JULI
MAART
MAANDAG
MAAND

NOVEMBER
OKTOBER
ZATERDAG
SEPTEMBER
ZONDAG
DONDERDAG
DINSDAG
WOENSDAG
WEEK
JAAR

8 - Energy

E	B	N	W	A	R	M	T	E	G	L	E	S	E	I	D
L	E	O	U	A	C	C	U	P	E	U	N	J	N	N	N
E	N	K	Z	C	K	I	S	R	Z	V	I	D	M	D	I
K	Z	D	D	C	L	K	F	C	F	I	B	K	I	U	W
T	I	I	Z	H	W	E	O	Y	E	T	R	R	A	S	H
R	N	U	H	X	G	H	A	O	N	D	U	K	C	T	E
O	E	V	I	A	H	Q	F	I	L	Z	T	V	Y	R	R
N	B	E	P	D	S	Y	O	S	R	S	F	E	X	I	N
E	R	R	G	L	D	W	T	T	F	P	T	X	H	E	I
N	A	V	Q	F	H	C	S	R	R	O	T	O	M	X	E
T	N	U	A	O	M	J	R	J	A	E	T	L	F	I	U
R	D	I	A	P	Z	G	E	O	D	B	H	O	Z	M	W
O	S	L	E	L	E	K	T	R	I	S	C	H	N	Q	B
P	T	I	A	Z	Z	J	A	S	T	O	O	M	V	U	A
I	O	N	V	S	H	V	W	N	T	S	N	D	Y	G	A
E	F	G	N	I	V	E	G	M	O	W	C	V	U	X	R

ACCU
KOOLSTOF
DIESEL
ELEKTRISCH
ELEKTRON
ENTROPIE
OMGEVING
BRANDSTOF
BENZINE
WARMTE
WATERSTOF
INDUSTRIE
MOTOR
NUCLEAIR
FOTON
VERVUILING
HERNIEUWBAAR
STOOM
TURBINE
WIND

9 - Chess

R	E	G	L	E	M	E	N	T	I	W	Y	H	P	Z	O
T	I	J	D	F	E	X	E	S	V	T	U	Y	Y	W	F
D	L	J	L	C	H	N	E	T	N	U	P	G	P	A	F
F	I	N	C	N	D	J	I	R	T	S	D	E	W	R	E
N	V	A	F	R	K	T	W	A	E	Q	G	N	P	T	R
C	X	O	G	N	X	G	F	T	Q	L	N	R	Y	P	E
I	F	N	K	O	Z	B	L	E	P	S	E	J	O	A	D
L	E	R	E	N	N	Z	Q	G	Q	Z	G	P	T	S	N
Y	L	R	G	I	Q	A	M	I	L	S	N	T	S	S	A
R	U	P	H	G	M	U	A	E	U	N	I	T	O	I	T
U	A	N	O	N	G	H	M	L	R	B	G	I	R	E	S
O	Q	P	U	I	N	E	O	I	P	M	A	K	B	F	N
R	E	F	W	N	I	J	S	A	F	Y	D	Q	E	F	E
R	I	I	O	O	N	R	E	O	T	D	T	I	A	O	G
Q	I	Q	S	K	O	V	L	L	K	X	I	H	G	B	E
N	R	G	A	X	K	D	Z	L	P	I	U	U	V	D	T

ZWART
UITDAGINGEN
KAMPIOEN
SLIM
WEDSTRIJD
DIAGONAAL
SPEL
KONING
TEGENSTANDER
PASSIEF
SPELER
PUNTEN
KONINGIN
REGLEMENT
OFFER
STRATEGIE
TIJD
LEREN
TOERNOOI
WIT

10 - Archeology

Y	X	O	N	V	I	D	S	U	A	J	X	E	W	O	N
S	X	U	L	L	E	I	S	S	O	F	J	S	G	N	U
T	G	D	A	E	I	R	E	T	S	Y	M	Y	D	D	G
D	E	H	I	J	C	H	G	E	W	Y	G	L	B	E	K
I	O	I	X	G	N	I	L	E	M	O	K	A	N	R	E
H	I	Q	A	G	M	E	L	U	T	S	H	N	E	Z	K
B	E	S	C	H	A	V	I	N	G	E	K	A	T	O	N
H	R	R	Y	Y	O	A	B	T	Y	X	N	P	C	E	U
G	R	A	F	A	D	U	Q	H	A	N	O	Y	E	K	S
I	N	D	R	L	H	G	D	E	H	U	T	H	J	E	B
R	E	L	I	K	W	I	E	H	Q	X	L	D	B	R	O
T	I	J	D	P	E	R	K	D	E	T	C	A	O	Y	T
O	N	B	E	K	E	N	D	E	W	I	T	D	V	M	T
D	E	S	K	U	N	D	I	G	E	S	D	F	K	E	E
T	E	A	M	Q	T	E	M	P	E	L	T	P	I	P	N
B	E	V	I	N	D	I	N	G	E	N	Y	S	O	T	Q

ANALYSE
OUD
OUDHEID
BOTTEN
BESCHAVING
NAKOMELING
TIJDPERK
EVALUATIE
DESKUNDIGE
BEVINDINGEN
VERGETEN
FOSSIEL
MYSTERIE
OBJECTEN
RELIKWIE
ONDERZOEKER
TEAM
TEMPEL
GRAF
ONBEKEND

11 - Food #2

V	T	R	J	O	V	R	M	B	E	Q	K	O	K	M	D
H	J	I	R	E	D	L	E	S	R	R	D	Q	B	P	R
E	Q	J	H	A	S	E	W	I	P	O	A	L	E	N	U
J	K	S	A	A	K	P	R	V	A	M	C	O	M	U	I
P	W	T	G	J	M	P	A	Z	D	R	T	C	I	K	F
N	S	W	R	R	U	A	T	H	D	G	J	E	O	S	R
N	V	S	W	C	X	K	I	P	E	Q	H	Q	U	L	S
K	E	R	S	N	D	O	W	Q	S	W	W	W	E	T	I
B	A	N	A	A	N	J	I	T	T	K	C	U	G	I	Q
M	M	T	F	O	P	S	K	O	O	H	H	U	P	X	S
C	A	O	F	N	I	I	O	M	E	U	A	P	F	N	X
U	Z	M	O	T	P	T	M	O	L	S	S	H	W	T	P
V	P	A	E	T	O	R	A	U	B	E	R	G	I	N	E
E	A	A	E	O	U	A	C	H	O	C	O	L	A	D	E
M	U	T	Y	O	G	H	U	R	T	I	N	B	Y	Q	Q
H	B	U	G	J	J	R	N	A	K	A	D	S	C	M	J

APPEL
ARTISJOK
BANAAN
BROCCOLI
SELDERIJ
KAAS
KERS
KIP
CHOCOLADE
EI
AUBERGINE
VIS
DRUIF
HAM
KIWI
PADDESTOEL
RIJST
TOMAAT
TARWE
YOGHURT

12 - Chemistry

Z	R	W	A	N	W	X	D	E	I	Q	C	P	N	M	E
G	U	M	O	L	E	C	U	U	L	G	U	A	O	L	K
E	U	U	B	M	T	H	O	X	X	D	H	P	M	V	H
W	T	Y	R	O	T	A	S	Y	L	A	T	A	K	W	V
I	A	H	C	S	I	N	A	G	R	O	M	V	P	A	L
C	R	L	X	E	T	M	R	A	W	C	B	N	V	T	O
H	E	M	D	F	N	O	R	T	K	E	L	E	L	E	E
T	P	C	R	G	E	O	F	H	C	G	M	N	A	R	I
B	M	Y	Y	T	Q	T	O	G	I	U	Y	L	L	S	S
O	E	Z	O	U	T	A	T	W	V	O	Z	X	K	T	T
R	T	C	X	N	R	N	S	G	U	G	N	J	A	O	O
A	T	F	H	Q	F	P	L	A	Z	I	E	Z	L	F	F
Z	U	U	R	L	I	F	O	S	T	Y	D	F	I	K	N
D	X	B	U	J	O	D	O	D	P	Y	K	T	S	X	K
J	W	H	J	R	R	O	K	R	I	A	E	L	C	U	N
T	X	K	O	U	S	W	R	D	X	T	A	Z	H	I	V

ZUUR
ALKALISCH
ATOOM
KOOLSTOF
KATALYSATOR
CHLOOR
ELEKTRON
ENZYM
GAS
WARMTE
WATERSTOF
ION
VLOEISTOF
MOLECUUL
NUCLEAIR
ORGANISCH
ZUURSTOF
ZOUT
TEMPERATUUR
GEWICHT

13 - Music

B	J	I	P	Z	L	C	D	P	D	M	M	M	R	U	H
C	T	K	Q	E	A	Z	J	N	Q	I	U	U	I	A	A
G	U	T	C	Y	A	N	D	X	Z	C	Z	Z	T	G	R
Y	N	B	A	P	C	E	G	P	H	R	I	I	M	X	M
I	F	M	R	O	O	K	C	E	B	O	K	K	E	G	O
E	P	H	R	Ë	V	E	D	Q	R	F	A	A	O	G	N
H	C	S	I	T	C	E	L	C	E	O	A	N	O	Z	I
C	V	O	W	I	Y	I	P	U	K	O	L	T	L	I	S
S	F	P	T	S	O	D	W	G	P	N	G	C	Y	N	C
I	A	N	L	C	U	O	Y	O	O	G	O	Q	R	G	H
M	V	A	I	H	Y	L	U	B	P	I	W	R	I	E	G
T	K	M	J	J	Z	E	H	B	V	E	K	Y	S	N	Q
I	E	E	N	O	Q	M	Z	U	N	P	R	G	C	J	T
R	B	A	L	L	A	D	E	A	A	Q	E	A	H	S	J
A	L	B	U	M	K	L	A	S	S	I	E	K	B	Q	F
H	A	R	M	O	N	I	E	O	P	M	V	R	S	F	V

ALBUM
BALLADE
KOOR
KLASSIEK
ECLECTISCH
HARMONISCH
HARMONIE
LYRISCH
MELODIE
MICROFOON
MUZIKAAL
MUZIKANT
OPERA
POËTISCH
OPNAME
RITME
RITMISCH
ZINGEN
ZANGER
VOCAAL

14 - Family

N	O	O	Z	N	I	E	L	K	D	M	Z	F	X	W	K
A	I	Q	O	Z	I	G	B	O	O	W	U	O	R	V	A
M	H	C	Y	Z	J	F	B	L	P	R	S	S	D	V	K
Z	R	T	H	G	R	O	O	T	M	O	E	D	E	R	O
O	Z	S	T	T	D	O	C	H	T	E	R	E	D	A	V
N	O	J	E	U	G	D	S	Y	U	K	E	Q	C	E	N
I	F	M	E	D	F	E	L	C	Z	I	D	O	P	A	E
G	K	J	I	L	R	E	D	A	V	N	U	Y	R	M	E
Z	Q	T	A	N	T	E	H	R	E	D	O	T	U	J	F
D	C	Y	S	I	S	G	D	Y	A	I	R	E	O	R	B
J	J	E	D	D	I	C	U	E	X	L	O	J	H	D	J
K	L	E	I	N	K	I	N	D	O	H	O	K	K	B	T
S	D	Y	P	B	L	J	M	X	U	M	V	O	C	V	Z
B	T	G	C	R	H	R	P	D	I	T	Q	A	S	I	C
Z	P	I	F	H	L	Y	B	J	Y	W	F	T	A	M	S
K	I	N	D	E	R	E	N	L	G	C	O	Y	V	Z	Q

VOOROUDER
TANTE
BROER
KIND
JEUGD
KINDEREN
DOCHTER
VADER
KLEINKIND
OPA

GROOTMOEDER
KLEINZOON
MAN
MOEDER
NEEF
NICHT
VADERLIJK
ZUS
OOM
VROUW

15 - Farm #1

M	H	S	P	V	O	O	E	K	K	R	A	A	I	Q	G
M	O	O	D	A	G	O	R	Y	I	Y	V	N	O	P	B
M	C	R	B	W	E	N	I	L	M	P	E	Y	O	N	I
I	F	M	H	Y	Q	Y	N	K	D	E	L	E	H	S	J
J	F	V	W	U	O	B	D	N	A	L	D	N	O	H	M
R	P	M	B	U	Q	V	D	Q	W	T	R	E	O	K	Y
H	O	N	I	N	G	B	H	F	F	S	A	D	Q	Q	J
M	R	V	E	M	V	B	Y	E	A	J	A	A	A	F	T
Z	N	O	Z	I	B	F	L	X	K	I	P	Z	C	T	J
P	A	H	E	U	V	O	J	D	V	R	T	B	K	G	O
K	E	J	L	D	B	Q	A	V	Z	E	N	N	A	U	I
M	E	S	T	T	L	I	T	Q	N	T	W	C	L	L	Q
M	S	E	I	D	D	O	M	F	S	A	N	V	F	F	O
C	I	D	E	C	T	G	B	L	T	W	Q	C	S	V	N
T	T	C	G	Z	L	G	K	H	X	E	H	D	D	G	G
Z	M	Q	K	Q	C	Q	H	R	L	B	E	R	V	G	I

LANDBOUW
BIJ
BIZON
KALF
KAT
KIP
KOE
KRAAI
HOND
EZEL
HEK
MEST
VELD
GEIT
HOOI
HONING
PAARD
RIJST
ZADEN
WATER

16 - Camping

D	M	Z	V	W	A	V	X	X	N	G	M	J	U	L	Q
Q	I	E	M	V	D	X	S	B	M	L	X	J	A	X	X
A	G	E	E	I	C	Q	X	O	V	S	R	L	S	Z	B
T	Y	N	R	R	V	E	W	M	J	L	Z	U	U	D	S
O	O	I	P	E	S	D	T	E	Z	E	E	X	Q	K	A
U	B	B	L	X	N	F	R	N	B	E	J	W	H	B	G
W	E	A	E	O	L	N	A	V	O	N	T	U	U	R	B
O	R	C	Z	H	O	T	A	M	G	N	A	H	T	B	O
E	G	A	I	N	C	C	K	T	E	M	C	G	M	T	S
R	B	N	E	M	P	E	I	H	U	O	S	L	A	E	B
X	R	J	R	D	Q	S	Z	C	R	U	M	K	A	N	T
Z	X	A	C	Z	W	N	K	A	N	O	R	O	N	T	J
A	X	G	V	F	L	I	W	J	F	F	R	M	R	E	T
H	A	C	A	C	U	W	L	U	A	D	U	P	Y	E	E
H	O	E	D	N	A	R	B	L	R	R	S	A	D	D	T
W	Q	H	G	P	G	X	O	G	H	V	E	S	G	Z	Y

AVONTUUR
DIEREN
CABINE
KANO
KOMPAS
BRAND
BOS
PLEZIER
HANGMAT
HOED
JACHT
INSECT
MEER
KAART
MAAN
BERG
NATUUR
TOUW
TENT
BOMEN

17 - Conservation

V	Q	M	A	A	Z	R	U	U	D	Z	C	I	K	F	C
V	E	O	A	Z	S	T	E	I	F	H	G	L	L	G	Y
E	D	R	E	T	A	W	B	C	A	B	K	W	I	G	O
R	I	H	V	G	A	U	R	A	Y	W	J	V	M	R	U
A	C	A	M	U	Z	O	R	G	X	C	I	A	A	O	Y
N	I	B	W	E	I	I	J	Z	X	L	L	N	A	E	H
D	T	I	C	I	G	L	V	W	W	F	R	E	T	N	C
E	S	T	F	L	S	U	I	N	H	L	U	E	R	A	S
R	E	A	S	I	Z	J	M	N	H	C	U	N	L	E	I
I	P	T	R	M	R	T	F	G	G	F	T	D	F	C	N
N	E	R	E	D	N	I	M	R	E	V	A	D	N	C	A
G	O	N	D	E	R	W	I	J	S	O	N	T	B	K	G
E	V	R	I	J	W	I	L	L	I	G	E	R	X	S	R
N	V	E	B	G	E	Z	O	N	D	H	E	I	D	M	O
C	H	E	M	I	C	A	L	I	Ë	N	J	M	J	Y	V
E	C	O	S	Y	S	T	E	E	M	K	Q	G	B	S	Q

VERANDERINGEN
CHEMICALIËN
KLIMAAT
ZORG
FIETS
ECOSYSTEEM
ONDERWIJS
MILIEU
GROEN
HABITAT

GEZONDHEID
NATUURLIJK
ORGANISCH
PESTICIDE
VERVUILING
RECYCLEREN
VERMINDEREN
DUURZAAM
VRIJWILLIGER
WATER

18 - Algebra

P	M	V	R	Y	G	H	Y	G	Q	A	J	H	L	P	L
X	H	Z	M	D	R	O	T	C	A	F	T	A	I	R	R
V	N	K	Y	I	A	Y	S	Y	N	U	X	A	N	O	M
J	E	A	Q	E	F	N	U	L	W	B	V	K	E	B	O
O	K	R	X	H	I	J	P	E	O	X	Z	J	A	L	M
P	K	O	G	L	E	I	S	I	V	I	D	E	I	E	A
L	E	F	N	E	K	F	R	A	C	T	I	E	R	E	T
O	R	O	O	E	L	I	X	M	J	O	A	O	N	M	R
S	T	R	E	V	I	I	A	J	P	H	W	N	J	L	I
S	F	M	Q	E	E	N	J	D	I	A	G	R	A	M	X
I	A	U	T	O	S	A	D	K	K	P	H	M	S	T	X
N	Z	L	U	H	P	A	K	I	I	B	X	T	X	K	K
G	T	E	L	J	U	O	F	V	G	N	V	N	S	G	O
U	V	A	R	I	A	B	E	L	E	J	G	T	T	O	X
M	N	H	V	A	L	S	G	B	P	P	H	P	K	P	B
N	U	M	M	E	R	E	X	P	O	N	E	N	T	O	U

DIAGRAM
DIVISIE
VERGELIJKING
EXPONENT
FACTOR
VALS
FORMULE
FRACTIE
GRAFIEK
ONEINDIG
LINEAIR
MATRIX
NUMMER
HAAKJE
PROBLEEM
HOEVEELHEID
OPLOSSING
AFTREKKEN
VARIABELE
NUL

19 - Numbers

V	G	G	F	N	E	Z	Z	K	V	Z	U	Z	A	U	K
P	I	D	N	O	J	E	E	W	T	H	N	R	C	E	E
X	T	J	K	N	S	S	V	I	S	F	R	X	H	E	U
Z	N	R	F	J	I	V	E	G	Z	U	P	U	T	N	O
Q	I	J	L	T	Q	C	N	I	K	R	Q	I	N	E	D
B	W	F	A	H	I	W	L	L	I	P	D	B	E	G	F
Z	T	C	A	O	N	E	I	T	R	E	E	V	G	E	R
Z	E	H	W	J	V	Z	N	E	I	T	C	Y	E	N	U
L	E	S	T	U	R	T	E	J	B	S	I	K	N	Y	I
V	V	V	T	I	B	M	I	Y	I	E	M	T	T	W	X
U	R	Z	E	I	R	D	T	Z	G	P	A	B	I	H	M
X	R	H	K	N	E	H	R	E	I	V	A	F	E	T	W
O	M	C	R	K	T	N	E	E	K	O	L	X	N	E	C
S	L	Q	W	V	J	I	D	A	C	H	T	T	I	E	N
X	R	D	E	V	I	I	E	J	L	V	J	O	Z	X	H
F	R	S	F	O	S	H	I	N	G	E	O	T	R	X	L

DECIMAAL
ACHT
ACHTTIEN
VIJFTIEN
VIJF
VIER
VEERTIEN
NEGEN
NEGENTIEN
EEN
ZEVEN
ZEVENTIEN
ZES
ZESTIEN
TIEN
DERTIEN
DRIE
TWAALF
TWINTIG
TWEE

20 - Spices

S	T	B	D	T	Y	K	M	T	F	L	V	K	A	S	G
W	A	W	K	E	I	R	G	E	N	E	F	A	Z	M	C
T	A	F	I	O	W	M	I	L	J	E	V	R	R	A	Q
L	K	K	F	T	R	E	J	E	I	N	T	D	M	A	X
A	S	E	V	R	B	I	U	G	M	A	C	E	I	K	F
X	U	R	L	E	A	U	A	A	O	K	P	M	A	O	N
P	M	R	G	T	K	A	F	N	K	J	M	O	N	O	C
N	T	I	O	T	I	B	N	D	D	W	R	M	I	L	R
O	O	E	T	I	R	G	S	I	H	E	F	C	J	F	V
D	O	A	D	B	P	E	E	U	Q	N	R	P	S	O	A
C	N	F	X	K	A	M	E	R	Z	O	E	T	I	N	N
G	F	W	A	R	P	B	F	K	Z	O	U	T	M	K	I
Y	U	U	L	D	M	E	V	E	N	K	E	L	F	C	L
C	X	S	R	T	G	R	V	M	Y	T	G	N	H	K	L
K	B	N	K	L	W	S	Y	C	U	V	O	D	I	J	E
P	Z	U	U	G	K	A	Z	R	Y	I	T	S	B	D	Z

ANIJS
BITTER
KARDEMOM
KANEEL
KRUIDNAGEL
KORIANDER
KOMIJN
KERRIE
VENKEL
FENEGRIEK
SMAAK
KNOFLOOK
GEMBER
NOOTMUSKAAT
UI
PAPRIKA
SAFFRAAN
ZOUT
ZOET
VANILLE

21 - Universe

N	H	F	N	S	E	C	T	A	H	A	Q	H	Y	R	W
A	V	J	T	U	E	M	E	S	U	T	I	D	T	L	L
A	R	Z	O	Z	D	I	L	T	A	M	H	U	F	P	A
C	S	I	P	H	N	Y	E	R	N	O	Z	I	R	O	H
E	I	T	L	O	E	F	S	O	C	S	G	N	Q	X	I
L	N	M	R	Z	W	G	C	N	U	F	Y	N	V	W	E
R	R	N	A	O	E	L	O	O	F	E	H	N	O	Y	A
U	E	I	A	A	N	U	O	M	Q	E	N	J	H	J	S
H	T	Y	N	Y	N	O	P	I	B	R	F	S	E	J	T
A	S	B	E	U	O	Y	O	E	Q	R	G	I	M	I	E
L	I	N	V	L	Z	Z	N	M	I	I	D	G	E	J	R
F	U	L	E	N	G	T	E	G	R	A	A	D	L	V	O
R	D	Z	O	N	N	E	K	A	N	T	E	L	E	N	Ï
O	B	N	O	U	A	K	O	S	M	I	S	C	H	F	D
N	E	V	K	T	R	A	A	B	T	H	C	I	Z	F	E
D	J	Q	Q	R	V	B	B	Y	O	U	F	I	J	D	J

ASTEROÏDE
ASTRONOOM
ASTRONOMIE
ATMOSFEER
KOSMISCH
DUISTERNIS
EVENAAR
HALFROND
HORIZON
LENGTEGRAAD
MAAN
BAAN
HEMEL
ZONNE
ZONNEWENDE
TELESCOOP
KANTELEN
ZICHTBAAR

22 - Mammals

D	R	A	A	P	G	J	Z	F	W	C	B	E	V	E	R
D	O	L	I	N	N	U	U	P	Q	H	O	F	Q	G	E
N	F	L	K	A	N	G	O	E	R	O	E	Y	H	A	I
V	N	I	F	S	B	G	K	L	W	T	M	Y	O	C	T
O	N	R	A	I	O	O	L	I	F	A	N	T	Y	T	S
S	Q	O	R	V	J	X	P	Y	Y	K	H	O	N	D	E
A	V	G	I	L	S	N	J	I	N	O	K	S	S	S	B
X	R	C	G	A	S	L	A	K	L	A	V	D	A	A	P
E	R	K	L	W	G	C	I	W	Z	H	R	P	C	B	Q
S	D	T	E	U	R	O	H	Y	B	F	Z	V	P	K	O
L	Z	J	E	W	O	U	B	A	Z	E	B	R	A	W	X
L	P	Y	U	N	O	C	E	E	A	R	D	R	D	T	X
S	K	R	W	K	C	R	H	T	K	P	Z	B	E	E	R
C	E	L	S	G	N	U	S	J	G	B	R	H	K	K	R
G	O	J	F	Y	V	S	X	K	H	M	B	R	R	H	S
C	C	P	H	B	O	L	Q	W	O	L	F	J	F	U	D

BEER
BEVER
STIER
KAT
COYOTE
HOND
DOLFIJN
OLIFANT
VOS
GIRAF

GORILLA
PAARD
KANGOEROE
LEEUW
AAP
KONIJN
SCHAAP
WALVIS
WOLF
ZEBRA

23 - Restaurant #1

P	I	T	T	I	G	S	E	M	P	R	U	K	D	I	I
W	I	V	J	M	D	M	E	J	T	E	O	T	H	U	N
S	A	U	S	E	E	L	V	R	E	I	S	S	A	K	G
X	E	O	T	N	S	B	N	Q	V	I	T	W	I	L	R
L	B	O	W	U	B	K	R	B	R	E	M	M	Y	L	E
Z	K	P	H	I	C	W	E	O	E	F	T	N	U	I	D
A	E	I	G	R	E	L	L	A	O	W	Q	G	O	H	I
E	U	K	M	Q	I	Z	H	P	B	D	B	P	K	F	Ë
L	K	K	O	M	I	N	L	P	A	N	K	C	M	Y	N
N	E	Z	D	M	K	O	F	F	I	E	K	X	M	O	T
A	N	S	B	O	J	Z	T	Q	X	T	D	A	A	F	E
G	M	Z	D	Q	Q	K	P	D	U	E	U	W	D	N	N
S	F	B	B	E	R	E	S	E	R	V	E	R	I	N	G
B	F	G	O	S	O	A	J	B	Y	G	C	M	M	O	N
D	E	C	R	B	P	V	T	Q	S	P	Q	L	J	Q	M
U	I	R	D	S	E	R	V	E	E	R	S	T	E	R	M

ALLERGIE
KOM
BROOD
KASSIER
KIP
KOFFIE
TOETJE
VOEDSEL
INGREDIËNTEN
KEUKEN
MES
VLEES
MENU
SERVET
BORD
RESERVERING
SAUS
PITTIG
ETEN
SERVEERSTER

24 - Bees

B	K	O	V	F	M	Y	N	W	R	M	G	S	R	E	P
B	L	E	E	M	F	I	U	T	S	A	W	P	U	W	G
L	H	O	R	V	V	J	Y	X	Y	A	G	U	V	E	U
O	A	Z	E	H	G	N	F	V	T	M	N	T	H	D	T
E	B	O	V	S	D	I	V	E	R	S	I	T	E	I	T
M	I	N	I	M	E	L	E	Z	Y	I	N	S	M	V	V
E	T	K	U	S	H	M	N	R	H	J	O	E	B	O	X
N	A	M	T	F	I	N	S	E	C	T	H	E	I	O	E
E	T	D	S	L	R	V	O	E	D	S	E	L	J	R	J
T	T	Q	E	I	D	U	C	K	C	G	M	C	E	D	T
N	Z	U	B	I	U	T	I	Q	Z	V	Y	A	N	E	H
A	Y	T	I	Q	H	O	P	T	T	K	V	E	K	L	P
L	Z	J	A	N	I	G	N	I	N	O	K	N	O	I	Z
P	W	L	H	C	I	L	M	B	P	O	H	P	R	G	T
I	X	N	C	P	H	I	Z	Z	I	R	C	R	F	X	Q
Z	W	E	R	M	E	E	T	S	Y	S	O	C	E	B	C

VOORDELIG
BLOESEM
DIVERSITEIT
ECOSYSTEEM
BLOEMEN
VOEDSEL
FRUIT
TUIN
HABITAT
BIJENKORF
HONING
INSECT
PLANTEN
STUIFMEEL
BESTUIVER
KONINGIN
ROOK
ZON
ZWERM
WAS

25 - Adventure

E	E	H	C	N	S	C	H	O	O	N	H	E	I	D	K
N	E	I	T	A	G	I	V	A	N	M	B	G	O	S	A
T	X	D	W	T	I	J	H	N	R	O	E	E	N	H	N
H	C	I	G	U	S	H	X	F	C	E	S	V	G	I	S
O	U	E	W	U	E	I	N	S	L	I	T	A	E	L	P
U	R	H	V	R	E	N	P	W	T	L	E	A	W	Y	N
S	S	G	E	I	C	R	B	L	G	I	M	R	O	E	E
I	I	I	R	I	B	K	V	H	P	J	M	L	O	V	G
A	E	L	R	N	C	U	J	I	B	K	I	I	N	N	N
S	P	I	A	D	H	B	V	K	O	H	N	J	B	Q	I
M	S	E	S	J	I	M	H	F	Q	E	G	K	W	C	G
E	J	V	S	J	K	T	I	E	T	I	V	I	T	C	A
B	A	U	E	P	U	X	I	S	Y	D	S	K	Z	R	D
W	N	L	N	V	R	I	E	N	D	E	N	G	M	R	T
G	N	I	D	I	E	R	E	B	R	O	O	V	X	J	I
I	R	E	I	S	P	L	A	N	Y	M	B	R	C	U	U

ACTIVITEIT
SCHOONHEID
MOED
UITDAGINGEN
KANS
GEVAARLIJK
BESTEMMING
MOEILIJKHEID
ENTHOUSIASME
EXCURSIE
VRIENDEN
REISPLAN
VREUGDE
NATUUR
NAVIGATIE
NIEUW
VOORBEREIDING
VEILIGHEID
VERRASSEND
ONGEWOON

26 - Restaurant #2

I	V	R	Z	Y	D	M	P	I	F	U	R	H	P	D	X
O	L	J	O	Q	R	E	T	A	W	K	R	E	N	I	D
U	I	L	U	H	A	F	X	C	Z	E	R	E	M	Y	N
N	V	A	T	P	N	U	E	M	D	Q	Z	R	E	B	O
R	V	H	F	V	K	V	D	K	S	X	R	L	D	M	U
L	R	B	S	J	I	F	B	T	J	D	T	I	U	R	F
F	X	X	O	P	X	R	Y	G	O	U	U	J	K	K	M
P	I	Y	E	T	N	E	O	R	G	O	O	K	T	W	X
A	Z	Y	P	M	L	E	P	E	L	C	O	R	R	W	H
T	Y	C	F	R	D	Y	H	F	K	V	A	R	X	O	M
O	F	N	E	J	I	R	E	C	E	P	S	K	A	B	V
N	O	E	D	E	L	S	P	A	N	P	I	X	E	W	B
U	J	R	A	Y	X	C	B	L	O	U	V	S	F	E	G
J	E	E	L	B	X	S	T	O	E	L	L	J	K	T	B
D	W	I	A	J	O	R	A	Z	Z	P	R	B	S	R	B
R	C	E	S	H	G	F	N	L	H	J	T	C	C	A	F

DRANK
CAKE
STOEL
HEERLIJK
DINER
EIEREN
VIS
VORK
FRUIT
IJS
LUNCH
NOEDELS
SALADE
ZOUT
SOEP
SPECERIJEN
LEPEL
GROENTE
OBER
WATER

27 - Geology

P	F	K	Z	O	D	X	X	M	L	G	Z	A	K	E	Q
R	L	O	R	S	I	R	U	O	A	T	U	A	O	H	B
B	L	A	S	I	L	C	Y	C	V	G	U	R	R	Y	X
B	X	L	T	S	S	K	W	S	A	R	R	D	A	X	G
W	K	C	N	E	I	T	U	O	Z	O	A	B	A	W	M
B	H	S	E	T	A	E	A	B	K	T	R	E	L	T	H
U	W	X	N	X	A	U	L	L	M	B	W	V	X	W	X
K	M	U	I	C	L	A	C	N	L	G	M	I	U	S	C
K	R	S	T	R	A	W	K	E	L	E	P	N	C	S	P
Q	R	O	N	Q	Z	P	V	L	L	S	N	G	P	T	B
Y	H	F	O	L	Y	P	M	A	H	T	M	A	J	E	C
Z	V	Z	C	D	N	A	A	R	H	V	L	A	B	E	X
S	T	A	L	A	C	T	I	E	T	S	R	L	P	N	S
N	J	E	R	O	S	I	E	N	V	U	L	K	A	A	N
T	N	Y	I	N	K	W	N	I	P	C	P	F	X	C	E
P	J	J	A	J	W	L	S	M	Z	G	E	I	S	E	R

ZUUR
CALCIUM
GROT
CONTINENT
KORAAL
KRISTALLEN
CYCLI
AARDBEVING
EROSIE
FOSSIEL
GEISER
LAVA
LAAG
MINERALEN
PLATEAU
KWARTS
ZOUT
STALACTIET
STEEN
VULKAAN

28 - House

G	P	S	O	D	S	C	Y	X	J	M	M	N	P	X	U
A	F	L	E	G	E	I	P	S	O	N	E	K	U	E	K
R	J	E	D	M	V	M	E	Z	E	B	U	N	R	I	V
A	F	U	Z	Z	B	V	U	D	P	D	B	N	S	K	V
G	V	T	D	Z	Y	R	J	U	P	K	I	S	W	P	Q
E	K	E	Z	O	L	D	E	R	R	Z	L	P	E	F	Q
L	D	L	D	V	H	N	O	U	E	B	A	W	M	Q	Z
T	D	S	A	Y	K	E	E	H	T	O	I	L	B	I	B
U	E	R	K	M	R	N	B	D	O	D	R	M	O	R	J
I	U	L	A	A	C	J	Y	O	G	T	D	E	Z	E	M
N	R	E	I	A	O	I	B	U	Y	W	Q	O	O	F	I
K	A	M	E	R	H	D	U	C	Y	C	C	M	O	L	Z
L	H	E	K	X	D	R	S	H	R	A	S	B	E	A	V
A	H	M	Y	G	V	O	P	E	K	B	C	F	E	B	H
M	U	U	F	H	D	G	O	Z	G	Q	L	Y	K	G	R
P	L	X	E	G	E	K	Z	M	U	W	E	Q	R	O	G

ZOLDER
BEZEM
GORDIJNEN
DEUR
HEK
HAARD
VLOER
MEUBILAIR
GARAGE
TUIN
SLEUTELS
KEUKEN
LAMP
BIBLIOTHEEK
SPIEGEL
DAK
KAMER
DOUCHE
MUUR
RAAM

29 - Physics

S	C	F	F	V	C	H	N	A	H	O	U	S	L	M	U
N	H	R	S	E	M	S	I	T	E	N	G	A	M	O	N
E	E	E	E	R	C	G	T	A	J	Q	V	J	N	T	I
L	M	Q	P	S	D	D	E	L	W	I	C	O	D	O	V
H	I	U	G	N	I	D	I	E	R	B	T	I	U	R	E
E	S	E	G	E	E	D	D	A	I	K	U	P	M	W	R
I	C	N	A	L	H	M	E	L	A	Z	E	K	E	U	S
D	H	T	S	L	T	O	Y	E	E	A	E	G	C	V	E
E	X	I	J	I	H	L	T	J	L	X	A	G	H	Z	E
W	L	E	H	N	C	E	D	K	C	T	J	M	A	P	L
C	L	E	A	G	I	C	A	A	U	T	J	S	N	X	R
M	H	R	K	N	D	U	T	X	N	W	Y	E	I	T	H
M	P	A	L	T	B	U	O	J	R	X	Z	S	C	D	N
R	Q	F	O	E	R	L	O	R	T	A	S	S	A	M	Y
X	T	Y	A	S	I	O	M	F	O	R	M	U	L	E	A
E	G	D	U	N	A	K	N	U	W	K	E	E	L	P	D

VERSNELLING
ATOOM
CHAOS
CHEMISCH
DICHTHEID
ELEKTRON
MOTOR
UITBREIDING
FORMULE
FREQUENTIE
GAS
MAGNETISME
MASSA
MECHANICA
MOLECUUL
NUCLEAIR
DEELTJE
UNIVERSEEL
SNELHEID

30 - Dance

H	O	U	D	I	N	G	X	C	Q	W	B	J	E	E	S
Q	Z	K	P	V	D	J	V	F	U	O	F	B	R	S	P
E	X	P	R	E	S	S	I	E	F	L	H	Z	H	O	R
L	E	E	N	O	I	T	I	D	A	R	T	V	U	M	I
O	Y	W	J	A	Y	S	O	W	O	I	S	U	O	Z	N
N	Q	Q	H	X	G	E	N	H	K	P	N	V	U	P	G
A	F	U	B	I	M	N	W	L	D	X	U	P	X	R	E
R	C	K	L	A	S	S	I	E	K	H	K	D	V	G	N
E	D	A	N	E	G	E	H	G	B	L	I	J	T	A	O
P	J	D	D	V	D	Z	L	E	E	R	U	T	L	U	C
E	Q	W	X	E	E	M	J	N	G	W	G	B	V	E	I
T	S	B	Y	H	M	I	X	C	A	D	E	Q	W	L	E
I	Q	I	P	H	T	I	S	P	D	Y	K	B	M	A	U
T	E	M	O	T	I	E	E	L	I	C	H	A	A	M	E
I	I	X	R	Z	R	C	M	U	Z	I	E	K	Q	N	T
E	P	A	R	T	N	E	R	V	I	S	U	E	E	L	X

ACADEMIE
KUNST
LICHAAM
KLASSIEK
CULTUREEL
CULTUUR
EMOTIE
EXPRESSIEF
GENADE
BLIJ
SPRINGEN
BEWEGING
MUZIEK
PARTNER
HOUDING
REPETITIE
RITME
TRADITIONEEL
VISUEEL

31 - Coffee

C	K	H	P	X	F	I	L	T	E	R	R	T	X	Q	V
P	N	Z	A	R	Z	Z	L	H	R	E	E	O	E	B	L
M	H	U	V	E	I	Q	J	J	Z	K	T	A	O	V	O
K	B	U	C	Y	B	J	B	P	W	E	T	O	V	M	E
N	D	R	H	Q	Z	X	S	K	A	B	I	D	H	I	I
O	O	R	S	P	R	O	N	G	R	A	B	I	O	Y	S
G	K	D	R	I	N	K	E	N	T	P	B	D	B	Z	T
E	C	N	H	O	Y	Y	U	S	M	D	S	B	D	Q	O
R	M	E	X	O	Q	M	G	K	C	X	B	P	L	A	F
O	A	T	S	S	D	J	K	N	A	R	D	G	A	Y	Z
O	W	H	J	M	T	X	Z	E	F	S	T	V	N	Q	A
S	A	C	X	U	A	H	V	L	E	A	N	X	G	R	I
T	T	O	Y	E	X	A	G	A	Ï	R	E	K	I	U	S
E	E	I	A	Y	Z	I	K	M	N	O	A	H	Y	S	D
R	R	O	V	E	A	J	K	L	E	M	N	E	B	Z	Q
D	B	N	Y	S	Z	V	S	E	K	A	Z	Q	O	Z	H

ZUUR
AROMA
DRANK
BITTER
ZWART
CAFEÏNE
ROOM
BEKER
FILTER
SMAAK
MALEN
VLOEISTOF
MELK
OCHTEND
OORSPRONG
PRIJS
GEROOSTERD
SUIKER
DRINKEN
WATER

32 - Shapes

K	V	K	E	G	E	L	E	K	R	I	C	Y	V	R	R
A	U	I	P	S	L	M	V	P	U	P	I	J	E	E	D
N	D	F	E	L	O	O	B	R	E	P	Y	H	E	C	R
T	O	Y	D	R	B	M	Q	I	R	N	B	X	L	H	I
B	B	D	I	R	K	H	P	S	D	H	E	C	H	T	E
E	H	A	M	I	O	A	H	M	J	V	S	I	O	H	H
J	L	C	A	K	V	N	N	A	B	O	O	G	E	O	O
J	G	W	R	E	U	X	D	T	W	E	O	J	K	E	E
M	Y	L	I	O	Q	B	B	E	O	V	A	A	L	K	K
X	E	F	P	H	E	W	U	O	D	M	Y	P	H	U	E
I	I	C	N	K	G	J	Y	S	K	L	Y	U	N	J	K
D	K	U	X	G	N	V	A	Z	R	A	N	D	E	N	X
U	Y	R	E	D	N	I	L	I	C	C	J	Q	D	Y	Z
M	M	V	E	S	T	S	N	A	M	F	I	T	E	M	P
T	J	E	Q	N	A	A	Q	U	T	S	L	V	M	V	O
P	S	F	R	P	J	L	B	V	K	V	X	Z	X	P	G

BOOG
CIRKEL
KEGEL
HOEK
KUBUS
CURVE
CILINDER
RANDEN
HYPERBOOL
LIJN
OVAAL
VEELHOEK
PRISMA
PIRAMIDE
RECHTHOEK
RONDE
KANT
BOL
VIERKANT
DRIEHOEK

33 - Scientific Disciplines

G	U	N	E	B	I	O	C	H	E	M	I	E	G	R	Z
K	P	E	I	C	L	D	H	D	D	X	E	S	E	J	O
M	Z	U	G	D	O	O	G	T	E	A	I	I	O	E	Ö
E	S	R	O	P	H	L	N	X	B	B	M	E	L	I	L
T	F	O	L	T	I	W	O	W	D	Q	O	I	O	G	O
E	Y	L	O	P	F	Z	E	G	W	T	N	G	G	O	G
O	S	O	H	L	F	W	I	G	I	S	O	O	I	L	I
R	I	G	C	A	R	I	G	V	K	E	R	L	E	O	E
O	O	I	Y	N	Y	H	O	A	N	A	T	O	M	I	E
L	L	E	S	T	F	X	L	I	P	H	S	E	H	S	G
O	O	C	P	K	N	Y	A	C	I	N	A	H	C	E	M
G	G	Z	N	U	V	T	R	R	R	J	E	C	C	N	F
I	I	C	O	N	C	H	E	M	I	E	X	R	H	I	M
E	E	H	N	D	E	D	N	U	K	L	A	A	T	K	G
V	V	M	V	E	A	E	I	G	O	L	O	I	B	X	L
V	A	N	K	A	R	J	M	H	Z	K	B	S	D	V	A

ANATOMIE
ARCHEOLOGIE
ASTRONOMIE
BIOCHEMIE
BIOLOGIE
PLANTKUNDE
CHEMIE
ECOLOGIE
GEOLOGIE
KINESIOLOGIE
TAALKUNDE
MECHANICA
METEOROLOGIE
MINERALOGIE
NEUROLOGIE
FYSIOLOGIE
PSYCHOLOGIE
ZOÖLOGIE

34 - Science

K	L	A	B	O	R	A	T	O	R	I	U	M	N	E	Z
L	E	I	S	S	O	F	B	C	Y	Z	I	Q	A	E	W
I	N	B	G	E	P	X	R	R	H	I	O	H	T	V	A
M	D	N	E	N	E	D	O	H	T	E	M	E	U	O	A
A	E	E	Q	M	D	X	T	X	W	M	T	C	U	L	R
A	M	L	J	M	N	G	P	N	M	I	Y	N	R	U	T
T	S	A	Y	Y	U	S	N	E	V	E	G	E	G	T	E
K	I	R	C	Q	K	J	L	T	R	O	Q	L	Y	I	K
X	N	E	Q	D	R	I	O	N	D	I	I	U	T	E	R
W	A	N	F	J	U	K	C	A	E	L	M	C	W	V	A
E	G	I	I	P	U	D	B	L	E	A	O	E	P	C	C
E	R	M	G	K	T	J	E	P	L	B	O	L	N	E	H
L	O	S	P	P	A	E	A	J	T	W	T	O	X	T	T
N	L	V	F	D	N	Y	F	K	J	I	A	M	C	Z	Z
C	H	E	M	I	S	C	H	H	E	T	K	X	S	Y	W
H	Y	P	O	T	H	E	S	E	S	Y	Y	Y	X	O	S

ATOOM
CHEMISCH
KLIMAAT
GEGEVENS
EVOLUTIE
EXPERIMENT
FEIT
FOSSIEL
ZWAARTEKRACHT
HYPOTHESE
LABORATORIUM
METHODE
MINERALEN
MOLECULEN
NATUUR
ORGANISME
DEELTJES
NATUURKUNDE
PLANTEN

35 - Beauty

L	Y	O	K	X	Q	Z	S	Q	J	R	F	B	T	C	H
O	I	Z	L	G	H	C	H	K	F	X	Z	A	A	O	L
E	X	P	E	I	Y	Q	A	R	A	C	S	A	M	S	L
L	S	S	P	N	Ë	Z	M	H	U	I	D	K	U	M	M
E	C	T	P	E	G	N	P	X	V	X	L	N	L	E	A
G	H	I	R	L	N	W	O	A	K	N	W	J	P	T	S
A	A	L	O	L	E	S	O	K	L	E	U	R	W	I	P
N	A	I	D	U	T	G	T	N	A	G	E	L	E	C	I
T	R	S	U	R	S	Y	E	I	W	U	E	A	R	A	E
I	Y	T	C	K	N	E	P	U	F	A	O	C	J	W	G
E	G	C	T	Q	E	V	R	V	R	T	T	X	B	S	E
B	E	H	E	F	I	V	E	R	Z	I	N	N	E	N	L
V	N	A	N	X	D	F	O	T	O	G	E	N	I	E	K
T	A	R	A	W	E	E	N	G	K	W	I	S	H	M	K
C	D	M	X	G	G	U	S	E	A	C	T	A	G	U	N
P	E	E	P	M	Z	A	T	K	Y	B	T	J	K	H	S

CHARME
KLEUR
COSMETICA
KRULLEN
ELEGANTIE
ELEGANT
GEUR
GENADE
LIPPENSTIFT
VERZINNEN
MASCARA
SPIEGEL
OLIËN
FOTOGENIEK
PRODUCTEN
SCHAAR
DIENSTEN
SHAMPOO
HUID
STILIST

36 - Clothes

T	V	E	Y	H	V	K	S	Q	G	G	Z	I	S	R	C
Q	R	D	K	A	L	O	G	C	C	L	I	V	B	F	T
M	H	R	T	N	S	R	J	H	H	K	N	M	W	U	R
H	N	T	O	D	J	K	E	A	S	O	K	M	G	V	U
J	U	R	K	S	A	J	A	M	I	R	R	M	W	D	I
N	Z	I	E	C	A	R	N	D	E	O	H	T	R	D	A
D	C	H	O	H	L	U	S	W	R	B	U	T	K	J	W
T	Q	S	R	O	J	K	L	C	A	J	A	S	J	E	Z
X	B	S	B	E	J	R	S	Q	D	N	A	B	M	R	A
V	S	S	Q	N	B	X	E	A	E	T	Y	K	E	O	W
L	K	S	Y	E	S	L	A	D	N	F	T	M	H	H	Y
R	R	Q	N	N	C	X	O	X	K	I	D	W	G	Y	I
I	I	P	S	W	H	A	C	U	P	Y	J	A	M	A	D
C	X	E	M	E	O	O	Z	L	S	M	O	D	E	J	Z
U	Y	Z	M	C	E	C	T	S	K	E	G	I	Q	Q	C
V	A	C	R	N	N	E	L	A	D	N	A	S	J	O	X

SCHORT
RIEM
BLOUSE
ARMBAND
JAS
JURK
MODE
HANDSCHOENEN
HOED
JASJE
JEANS
SIERADEN
PYJAMA
BROEK
SANDALEN
SJAAL
SHIRT
SCHOEN
ROK
TRUI

37 - Astronomy

V	Q	S	P	Y	Q	D	Z	R	I	Z	Q	J	S	C	S
K	E	D	Ï	O	R	E	T	S	A	P	Y	L	A	F	U
E	O	R	I	H	K	O	U	A	U	K	G	I	T	H	P
N	P	S	D	J	X	A	A	N	M	L	E	M	E	H	E
E	L	D	M	U	G	T	N	A	A	M	G	T	L	K	R
V	A	I	O	O	I	X	O	N	I	U	Q	E	L	S	N
E	N	E	O	T	S	S	R	Z	O	N	N	E	I	T	O
L	E	R	N	M	A	J	T	J	U	K	R	D	E	R	V
Q	E	E	O	N	N	E	S	E	O	E	Z	R	T	A	A
D	T	N	R	U	F	S	A	N	R	X	F	A	U	L	J
D	U	R	T	Y	T	B	U	E	O	I	Q	A	W	I	L
S	D	I	S	E	P	U	S	B	O	O	N	W	E	N	U
K	I	E	A	U	V	Y	G	J	E	D	V	G	P	G	K
G	E	M	M	C	J	I	Y	M	T	E	B	H	A	O	P
S	T	E	R	R	E	N	B	E	E	L	D	P	R	T	A
Q	M	T	D	C	K	G	E	Y	M	S	I	B	H	S	P

ASTEROÏDE
ASTRONAUT
ASTRONOOM
STERRENBEELD
KOSMOS
AARDE
VERDUISTERING
EQUINOX
METEOOR
MAAN
NEVEL
PLANEET
STRALING
RAKET
SATELLIET
HEMEL
ZONNE
SUPERNOVA
DIERENRIEM

38 - Health and Wellness #2

E	D	V	M	J	U	S	S	Z	P	S	X	Y	I	M	X
I	N	I	O	N	A	T	E	I	T	C	E	F	N	I	T
M	G	E	E	C	Y	R	D	E	T	H	C	I	W	E	G
O	E	I	R	E	E	E	R	K	C	N	L	Z	V	H	E
T	N	R	M	G	T	S	T	T	S	U	L	T	E	E	Z
A	E	O	V	A	I	S	O	E	B	H	C	U	Z	I	O
N	T	L	O	N	S	E	H	E	R	S	T	E	L	T	N
A	I	A	E	A	X	S	J	E	F	I	B	N	F	A	D
X	C	C	D	J	E	D	A	I	B	U	L	I	R	R	E
G	A	A	I	E	N	Ë	I	G	Y	H	O	M	N	D	Q
B	S	P	N	V	T	Y	V	R	E	N	E	A	F	Y	N
F	B	M	G	B	L	K	E	E	J	E	D	T	A	H	A
V	M	T	O	K	G	F	Z	L	V	K	D	I	X	E	Y
C	M	B	C	D	R	U	M	L	T	E	W	V	X	D	N
A	H	H	W	Z	V	I	B	A	G	I	A	E	O	P	Z
C	G	K	A	Q	P	B	X	N	A	Z	Q	G	W	F	T

ALLERGIE
ANATOMIE
EETLUST
BLOED
CALORIE
DEHYDRATIE
DIEET
ZIEKTE
ENERGIE
GENETICA
GEZOND
ZIEKENHUIS
HYGIËNE
INFECTIE
MASSAGE
VOEDING
HERSTEL
STRESS
VITAMINE
GEWICHT

39 - Disease

E	N	U	G	E	S	B	H	A	B	U	I	K	Q	J	K
T	B	H	N	L	M	O	O	R	D	N	Y	S	Z	F	E
R	K	H	A	U	Z	T	R	A	H	U	I	L	W	O	I
I	W	I	O	F	J	T	K	H	C	H	N	T	A	E	H
G	A	T	Z	K	P	E	N	J	S	E	L	D	K	R	T
C	H	M	K	G	V	N	Ë	E	I	G	R	E	L	L	A
G	E	N	E	T	I	S	C	H	N	L	H	D	E	Q	P
L	I	C	H	A	A	M	B	S	O	Z	E	P	E	K	O
F	T	B	M	X	Q	A	D	L	R	J	E	F	I	N	R
V	H	S	P	X	A	V	W	U	H	O	N	G	R	N	U
T	H	E	R	A	P	I	E	A	C	U	U	T	E	E	E
A	D	E	M	H	A	L	I	N	G	V	M	A	T	D	N
Z	I	M	M	U	N	I	T	E	I	T	T	J	C	N	C
B	E	S	M	E	T	T	E	L	I	J	K	V	A	E	W
G	G	E	Z	O	N	D	H	E	I	D	B	E	B	L	X
Y	U	O	N	T	S	T	E	K	I	N	G	S	R	D	F

BUIK
ACUUT
ALLERGIEËN
BACTERIEEL
LICHAAM
BOTTEN
CHRONISCH
BESMETTELIJK
GENETISCH
GEZONDHEID
HART
ERFELIJK
IMMUNITEIT
ONTSTEKING
LENDEN-
NEUROPATHIE
ADEMHALING
SYNDROOM
THERAPIE
ZWAK

40 - Time

O	G	A	A	D	N	A	V	S	T	N	V	G	D	I	T
E	C	X	C	U	A	D	R	P	F	Z	O	X	R	B	O
B	M	H	E	F	C	W	O	O	C	Q	O	E	G	H	E
U	M	N	T	G	H	Y	E	E	R	Z	R	O	X	T	K
N	N	I	M	E	T	S	G	D	M	I	D	D	A	G	O
O	S	M	N	C	N	Y	Z	I	J	A	A	R	K	J	M
R	C	O	M	U	U	D	P	G	X	M	D	R	B	T	S
V	E	Q	A	N	U	C	B	J	P	I	P	O	I	Y	T
Z	X	D	A	C	I	T	U	D	M	H	Q	W	T	P	R
U	O	W	N	Z	G	N	S	V	S	O	M	E	E	P	D
K	J	X	D	E	X	S	E	T	Z	V	U	E	O	V	K
J	K	Y	B	A	L	F	L	R	J	C	B	K	O	L	K
D	X	T	Q	R	G	A	D	E	C	E	N	N	I	U	M
J	A	A	R	L	I	J	K	S	U	E	O	F	F	V	M
D	S	C	D	I	K	F	H	A	U	E	B	V	J	X	O
E	E	U	W	E	K	R	O	V	R	H	U	H	N	L	T

JAARLIJKS
VOOR
KALENDER
EEUW
KLOK
DAG
DECENNIUM
VROEG
TOEKOMST
UUR

MINUUT
MAAND
OCHTEND
NACHT
MIDDAG
NU
SPOEDIG
VANDAAG
WEEK
JAAR

41 - Buildings

L	A	B	O	R	A	T	O	R	I	U	M	I	N	Q	O
K	A	M	B	A	S	S	A	D	E	U	U	R	L	C	B
F	A	O	C	A	B	I	N	E	V	L	E	N	P	A	S
G	M	S	B	W	F	L	P	O	O	C	S	O	I	B	E
T	I	E	T	I	S	R	E	V	I	N	U	I	C	Q	R
M	Q	G	H	E	X	U	W	I	V	D	M	O	N	Q	V
S	N	Z	O	D	E	G	T	W	P	N	A	G	Z	D	A
G	A	S	M	E	R	L	K	W	H	E	H	T	T	B	T
U	U	W	I	T	T	G	R	E	B	R	E	H	S	Y	O
A	B	W	Y	C	A	L	A	Y	G	O	T	P	A	N	R
A	P	P	A	R	T	E	M	E	N	T	W	R	B	B	I
A	H	N	B	U	S	T	R	T	H	E	A	T	E	R	U
J	B	V	X	U	Z	O	E	F	A	B	R	I	E	K	M
T	O	I	Y	H	R	H	P	T	E	N	T	D	L	N	G
L	O	O	H	C	S	I	U	H	N	E	K	E	I	Z	N
J	O	X	D	S	N	G	S	M	B	H	C	P	T	K	M

APPARTEMENT
SCHUUR
CABINE
KASTEEL
BIOSCOOP
AMBASSADE
FABRIEK
ZIEKENHUIS
HERBERG
HOTEL

LABORATORIUM
MUSEUM
OBSERVATORIUM
SCHOOL
STADION
SUPERMARKT
TENT
THEATER
TOREN
UNIVERSITEIT

42 - Herbalism

P	J	W	Z	F	K	I	G	K	A	A	M	S	X	B	V
S	E	K	F	C	O	J	R	N	E	O	R	G	C	A	O
L	A	T	S	K	I	V	W	O	N	I	I	O	M	S	O
T	O	F	E	E	X	H	P	F	W	U	A	E	U	I	R
I	R	S	F	R	P	V	B	L	V	P	N	G	N	L	D
O	E	H	L	R	S	Q	O	O	X	Z	I	S	T	I	E
A	G	D	Q	S	A	E	S	O	U	K	L	R	G	C	L
V	A	U	A	V	I	A	L	K	L	D	U	I	F	U	I
D	N	O	G	A	R	D	N	I	U	T	C	K	C	M	G
Y	O	E	R	X	L	E	D	N	E	V	A	L	D	E	H
I	N	G	R	E	D	I	Ë	N	T	M	E	J	V	O	Q
A	R	O	M	A	T	I	S	C	H	P	V	N	R	L	R
M	A	R	J	O	L	E	I	N	B	L	J	W	K	B	I
O	N	M	X	S	K	B	M	N	S	A	Z	T	Z	E	Z
N	L	D	I	P	G	L	A	K	Q	N	S	B	V	S	L
R	O	Z	E	M	A	R	I	J	N	T	O	F	O	F	W

AROMATISCH
BASILICUM
VOORDELIG
CULINAIR
VENKEL
SMAAK
BLOEM
TUIN
KNOFLOOK
GROEN
INGREDIËNT
LAVENDEL
MARJOLEIN
MUNT
OREGANO
PETERSELIE
PLANT
ROZEMARIJN
SAFFRAAN
DRAGON

43 - Vehicles

M	O	T	O	R	U	M	E	S	L	D	R	N	I	V	V
R	T	O	N	I	R	E	T	P	O	K	I	L	E	H	R
C	U	O	S	J	S	T	R	A	C	Z	B	R	Y	G	A
J	A	B	A	A	N	R	C	V	I	Z	U	Y	W	J	C
D	K	O	P	F	M	O	W	C	V	F	S	O	T	S	H
M	U	V	N	D	O	B	C	A	R	A	V	A	N	C	T
S	C	M	X	L	D	R	U	J	T	G	J	L	T	O	A
V	H	P	E	Q	P	Ë	H	L	O	R	R	D	M	O	U
L	T	U	E	D	N	E	D	N	A	B	A	M	Q	T	T
I	O	D	T	S	T	E	I	F	K	N	D	C	H	E	O
E	M	K	O	T	O	Z	X	L	H	J	C	G	T	R	J
G	I	Q	L	B	L	R	A	K	E	T	T	E	S	O	E
T	L	W	V	Q	Z	E	T	O	O	B	R	E	E	V	R
U	R	G	L	R	L	D	T	B	B	D	A	Q	X	Q	S
I	C	M	P	Z	O	N	S	D	D	Y	Z	E	D	F	Q
G	L	P	L	K	U	O	O	Z	X	Z	X	L	S	V	A

VLIEGTUIG
AMBULANCE
FIETS
BOOT
BUS
AUTO
CARAVAN
VEERBOOT
HELIKOPTER
MOTOR
VLOT
RAKET
SCOOTER
SHUTTLE
ONDERZEEËR
METRO
TAXI
BANDEN
TRACTOR
VRACHTAUTO

44 - Flowers

P	A	S	S	I	E	B	L	O	E	M	X	A	Z	L	E
L	R	P	F	J	G	A	R	D	E	N	I	A	R	U	V
U	P	A	N	A	E	W	S	L	A	V	E	N	D	E	L
T	T	P	Q	S	P	A	A	R	D	E	B	L	O	E	M
K	M	A	Y	M	M	S	I	E	A	R	W	G	P	A	O
J	K	V	E	I	I	X	L	V	L	M	S	V	Y	M	Q
J	E	E	Z	J	G	W	O	A	B	B	O	E	K	E	T
H	S	R	J	N	N	C	N	L	M	L	O	E	S	I	V
S	I	F	Z	F	Y	C	G	K	E	Q	R	D	M	L	R
L	C	B	T	C	E	Z	A	R	O	V	N	I	S	E	B
X	R	V	I	H	X	I	M	G	L	O	E	H	F	L	Q
H	A	T	C	S	L	U	L	F	B	Q	O	C	U	X	J
F	N	I	X	N	C	I	P	E	C	X	I	R	A	J	K
V	A	I	R	E	M	U	L	P	D	X	P	O	X	F	U
A	M	B	Z	V	L	G	S	A	Z	A	A	Z	B	X	Y
Z	O	N	N	E	B	L	O	E	M	S	M	S	O	N	T

BOEKET
KLAVER
NARCIS
MADELIEFJE
PAARDEBLOEM
GARDENIA
HIBISCUS
JASMIJN
LAVENDEL
LILA
LELIE
MAGNOLIA
ORCHIDEE
PASSIEBLOEM
PIOENROOS
BLOEMBLAD
PLUMERIA
PAPAVER
ZONNEBLOEM
TULP

45 - Health and Wellness #1

S	T	H	E	R	A	P	I	E	H	Z	K	G	H	K	N
H	P	O	X	N	C	B	Q	R	O	N	U	E	J	W	T
G	S	I	N	Ë	R	P	L	A	N	N	G	W	Y	Z	C
M	F	B	E	I	O	E	Q	T	G	F	N	O	P	Q	Y
B	J	N	N	R	M	Q	F	B	E	B	I	O	N	N	O
Q	A	S	O	E	E	T	E	L	R	V	L	N	N	M	M
D	F	Z	M	T	T	N	I	S	E	R	E	T	K	O	D
N	P	E	R	C	G	F	T	H	B	X	D	E	R	B	Z
S	T	W	O	A	O	Z	C	M	O	M	N	V	K	R	V
G	Q	D	H	B	O	E	A	K	T	C	A	M	M	R	D
G	F	D	J	I	H	C	Y	E	T	N	H	C	V	T	V
A	P	O	T	H	E	E	K	I	E	Q	E	C	I	Q	S
A	D	E	M	E	N	I	Y	N	N	M	B	H	R	O	J
O	N	T	S	P	A	N	N	I	N	G	Z	U	U	K	A
Z	E	N	U	W	E	N	X	L	R	E	Y	I	S	C	E
M	Y	S	I	B	R	E	U	K	Z	Z	A	D	A	M	G

ACTIEF
BACTERIËN
BOTTEN
KLINIEK
DOKTER
BREUK
GEWOONTE
HOOGTE
HORMONEN
HONGER
SPIEREN
ZENUWEN
APOTHEEK
REFLEX
ONTSPANNING
HUID
THERAPIE
ADEMEN
BEHANDELING
VIRUS

46 - Town

B	B	T	E	S	R	M	A	R	K	T	J	U	J	I	T
Z	I	A	O	E	M	P	E	B	K	E	I	N	I	L	K
E	C	O	K	Q	O	O	R	A	O	P	R	I	B	O	R
L	H	Q	S	K	S	S	Z	N	J	P	E	V	H	O	A
O	O	Y	O	C	E	S	H	K	Q	K	L	E	W	H	M
N	T	I	P	W	O	R	B	O	C	E	A	R	W	C	R
I	E	Y	G	S	X	O	I	Y	B	X	G	S	J	S	E
H	L	K	Q	J	Y	R	P	J	S	V	S	I	N	A	P
B	I	B	L	I	O	T	H	E	E	K	O	T	B	P	U
M	O	D	I	E	R	E	N	T	U	I	N	E	L	O	S
W	U	T	H	E	A	T	E	R	T	U	Y	I	O	T	M
E	R	S	G	Q	Q	X	P	F	W	Z	U	T	E	H	Y
W	Q	L	E	D	N	A	H	K	E	O	B	E	M	E	L
U	D	A	J	U	S	T	A	D	I	O	N	G	I	E	K
X	V	K	I	O	M	W	I	N	K	E	L	S	S	K	T
L	U	C	H	T	H	A	V	E	N	N	F	Z	T	O	L

LUCHTHAVEN
BAKKERIJ
BANK
BOEKHANDEL
BIOSCOOP
KLINIEK
BLOEMIST
GALERIJ
HOTEL
BIBLIOTHEEK
MARKT
MUSEUM
APOTHEEK
SCHOOL
STADION
WINKEL
SUPERMARKT
THEATER
UNIVERSITEIT
DIERENTUIN

47 - Antarctica

M	E	I	W	T	K	D	A	N	R	C	O	M	E	Q	O
Y	I	Q	N	O	B	E	H	O	U	D	N	I	X	J	Q
F	F	G	Y	H	L	Q	H	M	K	N	D	N	P	J	K
X	A	I	R	M	A	K	L	A	K	A	E	E	E	S	R
F	R	T	E	A	G	M	E	T	Y	L	R	R	D	A	V
B	G	H	T	N	T	E	S	N	T	I	Z	A	I	O	Z
K	O	C	A	S	J	I	L	E	E	E	O	L	T	V	T
P	E	A	W	R	Z	F	E	N	M	R	E	E	I	Z	E
T	G	S	K	E	H	A	G	I	P	E	K	N	E	F	N
M	K	T	R	J	O	R	O	T	E	I	E	O	L	E	E
I	Q	O	Z	S	Q	G	V	N	R	H	R	V	J	O	D
V	C	R	Q	T	X	O	G	O	A	C	D	N	K	I	N
E	I	I	B	E	N	P	C	C	T	S	C	S	W	W	A
W	T	S	K	L	K	O	P	S	U	K	K	U	Q	K	L
A	P	O	U	G	J	T	E	I	U	O	Q	B	A	A	I
O	M	G	E	V	I	N	G	N	R	A	T	I	D	D	E

BAAI
VOGELS
WOLKEN
BEHOUD
CONTINENT
INHAM
OMGEVING
EXPEDITIE
GEOGRAFIE
GLETSJERS
IJS
EILANDEN
MIGRATIE
MINERALEN
SCHIEREILAND
ONDERZOEKER
ROTSACHTIG
TEMPERATUUR
TOPOGRAFIE
WATER

48 - Ballet

B	L	C	R	V	E	X	P	R	E	S	S	I	E	F	A
A	E	H	S	A	M	U	Z	I	E	K	C	I	B	S	D
L	S	O	R	A	A	B	E	G	H	U	H	W	G	B	D
L	S	R	P	R	W	W	M	O	K	X	N	X	Y	J	P
E	E	E	R	D	X	J	S	R	E	S	N	A	D	H	P
R	N	O	A	I	O	D	T	S	I	N	O	P	M	O	C
I	H	G	K	G	V	M	N	V	L	L	I	P	K	B	G
N	A	R	T	H	K	U	X	Y	B	E	E	L	O	Y	A
A	C	A	I	E	L	V	S	M	U	D	M	A	B	I	J
W	V	F	J	I	O	C	P	E	P	J	T	U	E	Q	S
P	C	I	K	D	K	J	I	L	R	E	I	S	P	I	L
C	K	E	I	N	H	C	E	T	J	O	R	K	E	S	T
K	R	N	O	V	F	N	R	W	I	I	G	P	L	Z	P
Y	J	X	C	F	R	T	E	W	D	F	T	H	H	Q	P
Z	T	I	E	T	I	S	N	E	T	N	I	S	G	G	Z
A	R	T	I	S	T	I	E	K	B	G	Y	X	T	J	X

APPLAUS
ARTISTIEK
PUBLIEK
BALLERINA
CHOREOGRAFIE
COMPONIST
DANSERS
EXPRESSIEF
GEBAAR
SIERLIJK
INTENSITEIT
LESSEN
SPIEREN
MUZIEK
ORKEST
PRAKTIJK
RITME
VAARDIGHEID
STIJL
TECHNIEK

49 - Fashion

T	M	K	R	E	W	R	U	U	D	R	O	B	M	M	V
K	O	M	A	L	E	B	A	T	R	O	F	M	O	C	T
L	D	M	C	E	T	N	E	G	N	I	T	E	M	F	A
E	E	Z	F	K	T	G	V	T	E	X	T	U	U	R	L
D	R	I	L	N	R	F	T	O	Q	N	R	J	O	A	Q
I	N	S	M	I	E	A	X	R	U	E	L	T	R	A	V
N	Q	T	Q	W	N	K	Y	C	X	D	J	X	I	B	D
G	N	O	D	D	D	K	D	A	H	I	I	U	G	L	G
Y	Z	F	X	K	O	Z	Y	W	C	E	T	G	I	A	R
P	A	T	R	O	O	N	Z	H	S	H	S	T	N	A	Q
K	E	X	Y	Y	P	T	F	Q	I	C	W	O	E	T	U
L	E	M	G	U	Z	W	M	U	T	S	T	T	E	E	N
E	L	E	G	A	N	T	N	A	K	E	Z	H	L	B	T
T	D	D	E	B	Z	S	I	M	A	B	S	R	G	U	G
W	X	I	K	S	C	L	G	I	R	D	U	U	R	O	Q
W	F	K	I	I	D	A	N	E	P	O	N	K	A	P	B

BETAALBAAR
WINKEL
KNOP
KLEDING
COMFORTABEL
ELEGANT
BORDUURWERK
DUUR
STOF
KANT
AFMETINGEN
MODERN
BESCHEIDEN
ORIGINEEL
PATROON
PRAKTISCH
EENVOUDIG
STIJL
TEXTUUR
TREND

50 - Human Body

E	I	N	K	Z	P	C	S	Q	K	H	N	K	A	F	B
U	L	K	E	K	Z	S	D	L	P	M	E	P	T	A	G
F	D	L	N	K	Q	Z	O	B	W	H	W	Q	Z	K	S
Q	H	B	E	Z	D	E	O	L	B	A	O	J	J	Q	I
C	Y	Y	T	B	F	N	F	A	N	R	L	Q	X	D	R
B	X	I	T	K	O	I	I	Q	Q	T	D	M	A	P	X
L	Z	Z	O	R	O	O	R	O	P	K	L	O	H	R	T
H	Z	B	B	E	H	P	G	H	T	Q	Y	K	U	V	D
D	M	G	D	D	N	A	H	L	E	J	Q	L	A	J	Y
G	S	D	I	U	H	N	E	E	B	R	B	V	V	A	S
E	M	P	L	O	M	E	W	J	H	E	S	J	I	O	K
Z	M	S	O	H	N	U	M	T	L	G	W	E	D	I	P
I	G	W	I	C	O	S	K	I	N	N	B	L	N	A	O
C	B	D	A	S	E	N	K	E	L	I	O	K	O	E	J
H	F	O	K	N	B	U	C	H	H	V	Z	R	M	K	N
T	P	K	D	J	X	O	C	F	Q	S	V	Q	F	T	J

ENKEL
BLOED
BOTTEN
HERSENEN
KIN
OOR
ELLEBOOG
GEZICHT
VINGER
HAND
HOOFD
HART
KAAK
KNIE
BEEN
MOND
NEK
NEUS
SCHOUDER
HUID

51 - Musical Instruments

P	T	L	E	P	S	N	E	K	K	O	L	K	T	W	K
E	R	Z	N	R	I	E	P	F	H	E	E	U	J	X	L
R	O	A	I	A	J	A	F	W	O	F	M	U	V	E	A
C	M	M	L	H	O	J	N	A	B	C	M	W	W	Q	R
U	B	E	O	B	L	H	N	O	O	F	O	X	A	S	I
S	O	X	D	X	L	N	I	D	E	R	R	G	W	Z	N
S	N	A	N	F	E	T	K	J	S	Z	T	O	U	L	E
I	E	F	A	Y	C	Q	N	Y	U	N	D	N	B	Z	T
E	J	P	M	J	L	W	F	Y	K	P	O	G	N	J	I
T	A	M	B	O	E	R	I	J	N	N	C	Y	F	Z	U
E	O	C	X	H	D	Y	A	M	A	R	I	M	B	A	L
P	C	G	R	N	S	D	D	A	C	U	U	Q	W	H	F
M	X	D	A	E	V	P	N	Z	T	M	D	C	E	A	H
O	Y	D	T	F	F	P	S	X	R	I	Y	M	B	K	V
R	P	N	E	L	X	N	C	Y	I	R	G	G	U	W	D
T	G	E	N	Q	I	R	T	G	Q	Q	V	I	O	O	L

BANJO
FAGOT
CELLO
KLOKKENSPEL
KLARINET
TROMMEL
FLUIT
GONG
GITAAR
HARP
MANDOLINE
MARIMBA
HOBO
PERCUSSIE
PIANO
SAXOFOON
TAMBOERIJN
TROMBONE
TROMPET
VIOOL

52 - Fruit

S	U	X	K	W	C	D	R	U	I	F	E	L	H	A	F
D	T	R	A	R	V	V	W	Z	J	C	C	B	G	V	R
H	K	A	V	P	L	O	M	R	Q	G	Y	Z	K	O	A
C	I	T	R	O	E	N	S	A	N	A	N	A	P	C	M
K	Z	A	J	A	P	A	P	V	N	V	I	J	G	A	B
P	R	V	L	B	P	A	H	M	Q	G	A	M	L	D	O
G	E	N	B	Q	A	N	K	Z	G	P	O	D	J	O	O
I	P	E	E	I	T	A	E	H	E	G	U	S	K	H	S
Y	E	O	R	C	H	B	R	S	W	C	X	A	S	K	P
G	J	L	B	G	T	V	S	O	R	S	Y	U	D	N	K
R	T	E	I	V	I	A	T	O	O	N	S	O	K	O	K
U	X	M	A	W	Y	A	R	K	H	T	T	I	Z	N	A
F	A	T	E	E	R	O	D	I	W	I	K	M	F	C	F
Z	W	T	L	Z	N	L	Z	R	N	G	U	A	V	E	F
P	L	E	G	O	W	X	H	B	T	E	B	E	S	E	U
D	O	O	R	V	V	Y	J	A	H	G	N	T	Q	Y	A

APPEL
ABRIKOOS
AVOCADO
BANAAN
BES
KERS
KOKOSNOOT
VIJG
DRUIF
GUAVE
KIWI
CITROEN
MANGO
MELOEN
NECTARINE
PAPAJA
PERZIK
PEER
ANANAS
FRAMBOOS

53 - Engineering

X	J	E	D	I	U	W	U	O	B	U	F	T	F	D	V
X	V	P	I	F	O	T	S	I	E	O	L	V	J	I	B
C	H	K	A	G	S	Q	K	I	R	I	Y	S	R	S	U
B	P	I	M	J	R	H	Q	M	E	Z	H	T	D	T	G
P	T	M	E	T	P	E	I	D	K	H	O	R	T	R	V
H	Z	F	T	S	G	G	N	B	E	U	E	U	I	I	K
M	E	F	E	I	G	N	N	E	N	D	K	C	E	B	R
H	A	F	R	R	A	I	K	Q	I	I	J	T	T	U	A
Y	J	C	B	M	O	T	O	R	N	E	A	U	I	T	C
K	D	X	H	O	C	E	U	X	G	S	A	U	L	I	H
Y	B	K	F	I	M	M	U	R	Q	E	C	R	I	E	T
J	N	P	S	M	N	E	X	Q	G	L	V	S	B	R	Q
L	K	L	D	J	B	E	N	D	I	A	G	R	A	M	P
V	E	R	S	N	E	L	L	I	N	G	E	N	T	K	K
V	O	O	R	T	S	T	U	W	I	N	G	L	S	Y	W
Z	O	S	K	G	M	Z	C	D	M	K	F	O	K	G	F

HOEK
AS
BEREKENING
BOUW
DIEPTE
DIAGRAM
DIAMETER
DIESEL
DISTRIBUTIE
ENERGIE
VERSNELLINGEN
HEFBOMEN
VLOEISTOF
MACHINE
METING
MOTOR
VOORTSTUWING
STABILITEIT
KRACHT
STRUCTUUR

54 - Kitchen

S	K	H	O	G	K	O	Q	J	W	G	V	T	I	V	L
V	R	E	Z	E	I	R	V	O	D	R	B	Y	I	O	C
G	U	U	X	D	I	A	U	E	M	I	V	O	C	E	O
I	I	O	S	N	I	V	E	M	J	L	O	S	O	D	J
T	K	P	O	T	R	O	H	C	S	L	R	F	F	S	R
K	W	C	A	E	I	U	P	F	D	V	K	S	K	E	E
B	E	X	W	H	T	I	N	A	Q	L	E	E	O	L	C
K	N	M	U	Z	M	S	P	O	N	S	N	J	E	E	E
A	C	V	B	M	E	H	L	H	K	L	F	K	L	T	P
S	P	E	C	E	R	I	J	E	N	E	V	O	K	E	T
M	E	S	S	E	N	S	N	P	P	W	Y	T	A	K	E
Q	U	Q	P	A	T	G	O	O	F	E	Z	S	S	L	V
H	O	W	D	M	B	P	W	E	R	U	L	T	T	I	R
A	H	M	K	K	O	M	B	C	T	M	Z	E	L	L	E
Y	R	N	S	U	D	M	X	U	H	E	D	E	W	H	S
R	F	Q	G	Y	M	M	Q	P	A	Q	N	S	K	S	Q

SCHORT
KOM
EETSTOKJES
CUP
VOEDSEL
VORKEN
VRIEZER
GRILL
POT
KRUIK
KETEL
MESSEN
SERVET
OVEN
RECEPT
KOELKAST
SPECERIJEN
SPONS
LEPELS
ETEN

55 - Government

V	P	A	G	G	D	L	A	A	N	O	I	T	A	N	C
N	R	X	G	E	T	N	E	M	U	N	O	M	F	O	E
Y	S	I	V	Y	R	L	P	I	W	E	T	E	K	P	D
D	Y	K	J	W	V	E	E	Q	D	G	L	Q	I	F	I
I	M	L	X	H	O	I	C	X	V	E	N	A	T	I	E
S	B	L	B	S	E	V	U	H	J	L	R	E	L	V	H
C	O	F	E	J	I	I	H	J	T	R	U	S	T	I	G
U	O	T	Q	C	T	C	D	T	M	E	D	I	A	T	I
S	L	A	A	Z	A	T	K	T	X	Z	L	A	K	U	T
S	S	K	A	A	R	P	S	E	O	T	B	I	W	D	H
I	B	P	A	H	C	S	R	E	G	R	U	B	J	O	C
E	A	T	A	N	O	P	O	L	I	T	I	E	K	K	E
W	F	V	V	A	M	W	I	J	K	F	G	Z	R	B	R
C	L	R	D	O	E	Y	S	T	A	A	T	S	Q	S	E
E	X	E	D	W	D	I	E	H	K	J	I	L	E	G	G
G	R	O	N	D	W	E	T	K	O	K	S	L	L	H	A

BURGERSCHAP
CIVIEL
GRONDWET
DEMOCRATIE
DISCUSSIE
WIJK
GELIJKHEID
GERECHTELIJK
GERECHTIGHEID
WET
LEIDER
VRIJHEID
MONUMENT
NATIE
NATIONAAL
RUSTIG
POLITIEK
TOESPRAAK
STAAT
SYMBOOL

56 - Art Supplies

L	I	J	M	I	I	E	C	P	D	C	H	V	T	Y	B
X	A	F	O	X	D	W	B	P	Y	A	S	T	I	J	J
S	K	V	G	H	C	E	S	C	B	M	T	N	E	E	U
L	J	U	Y	L	E	D	E	A	Q	E	O	D	T	Y	A
N	G	U	J	H	X	Z	G	Ë	I	R	E	T	I	W	T
E	Z	E	L	A	C	R	Y	L	N	A	L	J	V	A	Z
H	O	U	T	S	K	O	O	L	C	E	G	K	I	T	Q
N	W	D	K	K	R	A	K	Z	J	I	R	N	T	E	T
F	M	L	K	W	Y	R	W	G	D	D	N	U	A	R	L
G	S	U	X	A	S	L	P	A	P	I	E	R	E	K	A
O	L	I	E	S	J	N	J	I	K	U	D	S	R	L	L
I	I	E	W	V	C	K	J	I	G	P	O	U	C	Y	K
K	N	L	F	K	Q	G	O	J	M	M	L	E	F	A	T
F	K	K	H	I	C	M	D	S	L	E	T	S	R	O	B
K	B	G	T	L	O	V	X	R	J	B	O	D	E	M	Y
A	Q	U	A	R	E	L	L	E	N	J	P	B	V	E	X

ACRYL
BORSTELS
CAMERA
STOEL
HOUTSKOOL
KLEI
KLEUREN
CREATIVITEIT
EZEL
GOM
LIJM
IDEEËN
INKT
OLIE
VERF
PAPIER
POTLODEN
TAFEL
WATER
AQUARELLEN

57 - Science Fiction

X	E	X	D	P	U	B	D	Q	J	E	K	R	T	F	E
I	L	L	U	S	I	E	R	F	T	Q	L	O	E	U	X
M	H	B	O	E	K	E	N	A	Q	G	O	B	C	T	T
M	U	I	N	J	C	V	N	T	N	I	N	O	H	U	R
G	Y	A	U	V	Y	C	H	L	I	D	E	T	N	R	E
M	H	S	H	P	R	U	D	H	G	L	N	S	O	I	E
O	C	I	T	E	E	N	A	L	P	E	T	A	L	S	M
C	S	S	L	E	K	A	R	O	P	E	D	T	O	T	C
U	I	P	C	B	R	E	E	U	I	B	Y	O	G	I	W
T	T	O	V	W	J	I	Z	X	M	K	S	O	I	S	E
Q	S	O	R	T	U	S	E	W	E	N	T	M	E	C	R
Q	A	C	P	O	J	O	I	U	G	E	O	A	L	H	E
Y	T	S	V	I	R	L	C	M	S	D	P	A	C	U	L
L	N	O	T	H	E	P	F	J	H	A	I	I	W	S	D
D	A	I	W	E	H	X	K	S	N	R	E	Z	G	L	K
Y	F	B	F	E	C	E	K	Y	J	O	H	F	Z	G	R

ATOOM
BOEKEN
BIOSCOOP
KLONEN
DYSTOPIE
EXPLOSIE
EXTREEM
FANTASTISCH
BRAND
FUTURISTISCH
ILLUSIE
DENKBEELDIG
MYSTERIEUS
ORAKEL
PLANEET
ROBOTS
TECHNOLOGIE
UTOPIE
WERELD

58 - Geometry

A	K	N	P	H	N	J	N	M	E	D	I	A	A	N	Q
D	R	I	E	H	O	E	K	U	H	O	E	K	C	E	Q
E	E	Q	W	S	Z	A	T	V	M	O	C	K	G	V	W
C	I	R	K	E	L	B	F	U	M	M	S	F	K	L	H
B	O	U	L	G	N	I	K	J	I	L	E	G	R	E	V
E	T	G	O	O	H	J	P	I	W	E	I	R	P	S	C
R	V	H	S	A	K	W	M	F	C	A	R	W	A	Y	U
E	E	P	R	O	P	O	R	T	I	E	O	A	R	M	R
K	X	T	A	F	V	U	X	D	X	K	E	W	A	M	V
E	L	I	E	X	G	D	T	Z	I	K	H	K	L	E	E
N	S	E	G	M	E	N	T	W	A	M	T	X	L	T	Z
I	C	I	G	U	A	C	I	G	O	L	E	E	E	R	T
N	N	B	H	F	D	I	G	D	O	Z	B	N	L	I	C
G	N	E	H	B	D	P	D	L	B	U	O	B	S	E	G
M	A	S	S	A	O	P	P	E	R	V	L	A	K	I	F
H	O	R	I	Z	O	N	T	A	A	L	M	U	C	T	E

HOEK
BEREKENING
CIRKEL
CURVE
DIAMETER
DIMENSIE
VERGELIJKING
HOOGTE
HORIZONTAAL
LOGICA
MASSA
MEDIAAN
NUMMER
PARALLEL
PROPORTIE
SEGMENT
OPPERVLAK
SYMMETRIE
THEORIE
DRIEHOEK

59 - Creativity

I	G	Q	B	E	E	L	D	I	K	H	V	G	L	S	V
K	N	M	K	V	C	J	F	H	E	E	A	E	U	P	Z
E	I	T	A	R	I	P	S	N	I	L	A	V	E	O	T
I	K	P	E	X	H	U	A	F	T	D	R	O	M	N	C
T	K	B	M	N	C	J	N	E	S	E	D	E	O	T	V
Ï	U	W	J	S	S	B	Q	D	I	R	I	L	T	A	I
U	R	K	Y	E	I	I	Q	M	T	H	G	U	I	A	S
T	D	U	Q	A	T	H	T	E	R	E	H	X	E	N	I
N	T	R	I	P	A	H	J	E	A	I	E	A	S	T	O
I	I	D	F	J	M	A	U	C	I	D	I	J	W	S	E
F	U	N	Z	J	A	C	D	H	G	T	D	G	F	M	N
G	D	I	E	H	R	A	A	B	I	E	O	L	V	D	E
Y	F	G	N	I	D	L	E	E	B	R	E	V	G	Q	N
I	D	E	E	Ë	N	I	N	V	E	N	T	I	E	F	O
E	C	H	T	H	E	I	D	D	L	T	M	Q	P	G	V
O	V	I	T	A	L	I	T	E	I	T	Q	J	B	K	B

ARTISTIEK
ECHTHEID
HELDERHEID
DRAMATISCH
EMOTIES
UITDRUKKING
VLOEIBAARHEID
IDEEËN
BEELD
VERBEELDING

INDRUK
INSPIRATIE
INTENSITEIT
INTUÏTIE
INVENTIEF
GEVOEL
VAARDIGHEID
SPONTAAN
VISIOENEN
VITALITEIT

60 - Airplanes

S	T	H	N	U	B	P	L	S	N	C	A	P	L	L	O
U	U	I	B	M	F	A	B	A	Z	R	F	I	U	U	G
R	L	Q	F	N	K	C	L	X	M	F	D	L	D	C	Y
N	A	W	K	V	T	D	Z	L	V	A	A	O	D	H	H
W	A	T	E	R	S	T	O	F	O	I	L	O	K	T	O
P	R	O	P	E	L	L	E	R	S	N	I	T	B	X	O
L	E	E	J	D	J	B	V	N	Y	A	N	C	R	J	G
A	I	V	E	V	A	U	R	N	Z	E	G	E	C	M	T
N	G	C	E	F	Z	F	O	T	S	D	N	A	R	B	E
D	A	W	Z	F	S	N	T	R	I	Z	I	S	X	O	M
E	S	M	B	D	R	O	O	P	D	D	T	Q	O	U	Y
N	S	H	E	M	E	L	M	R	X	R	H	Z	H	W	L
L	A	Y	C	N	O	U	M	T	X	U	C	P	S	H	O
X	P	O	N	T	W	E	R	P	A	H	I	E	E	Z	W
B	E	M	A	N	N	I	N	G	K	Y	R	D	Y	O	S
M	R	A	V	O	N	T	U	U	R	P	H	F	D	X	Y

AVONTUUR
LUCHT
ATMOSFEER
BALLON
BOUW
BEMANNING
AFDALING
ONTWERP
RICHTING
MOTOR
BRANDSTOF
HOOGTE
WATERSTOF
LANDEN
PASSAGIER
PILOOT
PROPELLERS
HEMEL

61 - Ocean

C	F	E	Q	W	K	M	K	W	A	A	R	I	F	B	J
X	N	Y	P	M	S	R	K	T	A	V	V	W	B	I	V
G	N	L	W	H	W	I	A	P	L	Y	N	M	K	W	G
X	K	L	M	R	O	T	S	B	V	W	I	T	R	D	K
T	W	F	G	E	T	I	J	D	E	N	J	I	N	O	T
J	A	J	S	I	V	U	L	K	W	J	P	R	C	F	I
Y	L	G	N	W	O	Q	O	D	U	I	O	G	D	D	A
A	F	L	O	E	V	C	D	Z	Q	F	A	P	C	J	T
I	D	Y	P	E	U	X	T	H	T	L	V	C	Y	E	X
H	C	C	S	Z	E	K	B	O	B	O	W	A	U	T	F
G	A	R	N	A	A	L	D	A	P	D	L	I	H	C	S
Q	V	A	L	G	E	N	H	U	W	U	M	C	A	C	I
K	O	R	A	A	L	C	W	C	C	J	S	W	V	D	V
P	O	E	S	T	E	R	B	T	F	Z	V	T	H	J	L
J	Z	G	A	C	N	B	T	W	J	A	R	N	J	Z	A
V	Y	N	P	Q	I	H	A	A	I	B	O	M	K	O	W

ALGEN
KORAAL
KRAB
DOLFIJN
AAL
VIS
KWAL
OCTOPUS
OESTER
RIF
ZOUT
ZEEWIER
HAAI
GARNAAL
SPONS
STORM
GETIJDEN
TONIJN
SCHILDPAD
WALVIS

62 - Force and Gravity

P	V	H	I	X	Y	U	H	J	I	I	V	T	T	H	G
R	N	E	M	M	O	D	N	E	G	I	E	J	I	A	E
D	R	U	K	B	P	W	X	I	Y	C	E	F	J	R	N
M	U	G	L	M	F	A	L	E	V	G	E	O	D	H	E
A	N	N	A	A	B	J	C	B	A	E	R	H	A	Q	R
G	N	I	V	J	I	R	W	T	Z	D	R	C	S	I	E
N	G	K	F	N	A	F	S	T	A	N	D	S	D	R	R
E	N	K	V	E	V	Q	A	H	C	U	S	I	E	O	E
T	U	E	M	L	F	M	D	C	I	K	N	M	J	E	N
I	J	D	M	L	L	O	V	I	N	R	E	A	X	D	L
S	X	T	N	E	A	X	A	W	A	U	L	N	S	B	N
M	X	N	C	N	X	G	Q	E	H	U	H	Y	Z	P	K
E	I	O	L	S	L	V	Y	G	C	T	E	D	D	N	O
C	E	N	T	R	U	M	I	M	E	A	I	O	E	C	R
E	X	O	P	E	S	Q	R	E	M	N	D	V	B	G	M
W	E	Z	O	V	U	I	T	B	R	E	I	D	I	N	G

AS
CENTRUM
ONTDEKKING
AFSTAND
DYNAMISCH
UITBREIDING
WRIJVING
IMPACT
MAGNETISME
MECHANICA
BAAN
NATUURKUNDE
DRUK
EIGENDOMMEN
SNELHEID
TIJD
VERSNELLEN
GENEREREN
UNIVERSEEL
GEWICHT

63 - Birds

K	M	H	W	D	K	N	I	U	I	D	E	B	Y	C	S
E	O	O	J	V	R	K	A	K	G	E	I	V	N	X	T
L	K	O	N	S	A	O	A	K	R	N	E	I	L	O	R
U	K	I	E	U	A	S	G	N	Ï	U	G	N	I	P	U
W	U	E	E	M	I	C	E	E	A	K	D	I	T	G	I
N	D	V	O	A	Z	R	P	S	D	R	D	B	O	V	S
W	W	A	W	K	Z	W	A	A	N	A	I	U	E	C	V
Y	S	A	T	M	E	Q	P	R	E	A	A	E	K	Y	O
I	J	R	E	J	B	O	S	E	E	L	G	Q	A	K	G
T	C	R	O	N	A	A	K	I	L	E	P	P	N	A	E
F	L	A	M	I	N	G	O	G	S	D	Q	A	B	L	L
R	A	V	J	V	L	H	N	E	X	A	G	U	F	A	Q
X	K	H	E	H	L	M	K	R	B	F	D	W	E	T	K
U	R	C	O	H	Y	T	B	Y	X	F	T	Q	I	W	I
R	H	X	I	K	I	I	T	V	J	T	R	I	N	X	P
E	O	G	T	X	T	P	K	I	Y	Y	D	A	M	L	I

KANARIE
KIP
KRAAI
KOEKOEK
EEND
ADELAAR
EI
FLAMINGO
GANS
MEEUW
REIGER
STRUISVOGEL
PAPEGAAI
PAUW
PELIKAAN
PINGUÏN
MUS
OOIEVAAR
ZWAAN
TOEKAN

64 - Art

O	S	E	H	S	B	W	S	D	D	U	S	E	P	N	J
R	L	V	C	U	S	I	L	K	J	I	L	R	E	E	L
I	G	O	S	Y	M	A	P	Y	C	T	W	L	R	J	C
G	Y	S	I	P	R	E	W	R	E	D	N	O	S	I	J
I	H	V	M	H	U	Y	U	T	E	R	Q	S	O	R	D
N	B	I	A	U	U	Q	M	R	N	U	G	I	O	E	R
E	F	U	R	M	G	M	L	P	V	K	B	M	N	D	E
E	C	U	E	B	I	E	M	H	O	K	U	I	L	L	E
L	D	L	K	Q	F	J	W	G	U	I	V	M	I	I	R
B	V	P	O	Ë	Z	I	E	C	D	N	E	B	J	H	I
C	R	E	Ë	R	E	N	Q	X	I	G	U	W	K	C	P
S	Y	M	B	O	O	L	W	K	G	A	R	J	K	S	S
E	P	V	I	P	O	R	T	R	E	T	T	E	R	E	N
C	O	M	P	L	E	X	V	I	S	U	E	E	L	W	Ï
S	A	M	E	N	S	T	E	L	L	I	N	G	B	Z	E
B	E	E	L	D	H	O	U	W	W	E	R	K	O	T	G

KERAMISCH
COMPLEX
SAMENSTELLING
CREËREN
UITDRUKKING
FIGUUR
EERLIJK
GEÏNSPIREERD
HUMEUR
ORIGINEEL
SCHILDERIJEN
PERSOONLIJK
POËZIE
PORTRETTEREN
BEELDHOUWWERK
EENVOUDIG
ONDERWERP
SYMBOOL
VISUEEL

65 - Nutrition

I	C	I	C	B	D	B	M	T	M	H	E	V	V	G	D
O	V	A	M	D	Y	B	X	O	G	K	I	L	O	E	I
E	V	X	L	N	L	E	I	X	I	W	W	O	E	Z	E
F	R	Z	K	O	U	D	S	I	T	A	I	E	D	O	E
J	E	I	G	Z	R	L	W	N	H	L	T	I	I	N	T
O	H	R	N	E	E	I	G	E	C	I	T	S	N	D	S
U	O	J	M	G	C	M	E	D	I	T	E	T	G	H	P
Z	E	C	D	E	P	H	L	Ë	W	E	N	O	S	E	E
H	W	O	V	R	N	W	M	F	N	I	U	F	S	I	C
B	I	T	T	E	R	T	Q	Z	E	T	D	F	T	D	E
E	E	T	L	U	S	T	A	V	V	E	Y	E	O	A	R
B	G	N	S	C	U	U	G	T	E	B	T	N	F	M	I
Z	V	F	M	Z	A	A	A	L	I	A	K	B	P	H	J
I	Y	T	A	H	S	I	L	X	J	E	A	O	A	Y	E
D	I	L	A	V	I	T	A	M	I	N	E	F	J	A	N
H	I	K	K	G	E	W	I	C	H	T	J	A	A	B	R

EETLUST
EVENWICHTIG
BITTER
CALORIEËN
DIEET
EETBAAR
FERMENTATIE
SMAAK
GEZONDHEID
GEZOND
VLOEISTOFFEN
VOEDINGSSTOF
EIWITTEN
KWALITEIT
SAUS
SPECERIJEN
TOXINE
VITAMINE
GEWICHT

66 - Hiking

S	Q	O	B	Q	U	Q	D	Z	U	G	N	F	Y	G	C
T	A	A	M	I	L	K	X	A	O	I	A	I	Y	N	Z
E	O	M	L	N	O	Z	N	E	T	D	T	O	A	Y	C
N	C	B	R	E	G	C	L	Y	I	S	U	Z	G	K	P
E	X	F	E	Z	E	Z	F	K	D	E	U	V	J	A	X
N	T	K	K	R	E	T	A	W	I	N	R	B	N	R	F
Y	G	L	H	A	G	R	P	U	E	T	B	J	R	K	Z
Q	I	I	J	A	M	V	C	Z	R	S	H	C	N	D	N
F	D	F	E	L	Y	P	O	T	E	T	Q	Y	E	O	F
A	D	R	K	P	Y	G	E	F	N	R	B	H	G	N	E
L	K	J	A	G	A	F	Y	R	A	A	W	Z	W	H	T
C	D	F	D	E	P	R	F	H	E	A	E	W	I	L	D
G	E	V	A	R	E	N	K	I	I	N	K	A	A	R	T
K	J	F	X	Q	L	O	Q	E	A	F	B	P	S	L	P
X	P	R	W	E	I	T	A	T	N	Ë	I	R	O	C	S
B	V	O	O	R	B	E	R	E	I	D	I	N	G	P	U

DIEREN
LAARZEN
KAMPEREN
KLIF
KLIMAAT
GIDSEN
GEVAREN
ZWAAR
KAART
BERG
NATUUR
ORIËNTATIE
PARKEN
VOORBEREIDING
STENEN
TOP
ZON
MOE
WATER
WILD

67 - Professions #1

N	R	Y	G	K	C	U	D	P	S	P	J	G	R	N	X
X	P	L	T	L	A	G	O	O	L	O	E	G	B	S	T
R	M	K	D	E	R	T	K	C	T	H	E	B	Z	V	D
E	D	S	A	E	T	P	T	A	A	C	O	V	D	A	M
N	B	N	N	R	O	N	E	S	U	Q	R	J	C	O	A
I	S	A	S	M	G	K	R	E	I	L	E	W	U	J	T
A	S	E	E	A	R	E	O	T	U	N	G	W	B	M	R
R	S	V	R	K	A	Z	T	V	K	F	A	D	K	T	O
T	I	T	H	E	A	G	I	T	F	F	J	I	L	H	O
X	K	R	R	R	F	H	D	J	A	G	O	T	P	J	S
D	K	Q	E	O	R	R	E	T	E	I	G	D	O	O	L
I	N	T	I	K	N	P	S	Y	C	H	O	L	O	O	G
N	B	M	K	I	S	O	E	W	O	X	E	X	X	N	U
G	U	I	N	H	N	Q	O	H	I	K	H	I	A	Q	A
T	T	N	A	K	I	Z	U	M	W	P	V	A	G	B	V
V	J	U	B	A	M	B	A	S	S	A	D	E	U	R	I

AMBASSADEUR
ASTRONOOM
ADVOCAAT
BANKIER
CARTOGRAAF
TRAINER
DANSER
DOKTER
EDITOR

GEOLOOG
JAGER
JUWELIER
MUZIKANT
PIANIST
LOODGIETER
PSYCHOLOOG
MATROOS
KLEERMAKER

68 - Barbecues

F	V	B	N	G	N	K	A	K	Y	X	K	E	H	S	R
S	O	N	E	K	R	O	V	I	F	K	I	S	O	L	L
A	E	R	D	I	D	I	C	P	V	W	N	T	N	A	D
U	D	F	N	L	J	Z	L	Z	O	W	D	O	G	S	T
S	S	R	E	M	O	Z	O	L	P	K	E	M	E	A	R
C	E	U	I	Z	A	Q	Z	U	W	L	R	A	R	L	N
F	L	I	R	K	Y	Q	Q	W	T	G	E	T	S	A	R
Q	A	T	V	H	M	U	Z	I	E	K	N	E	D	D	O
C	O	M	Y	J	X	J	H	I	E	K	E	N	T	E	E
T	B	V	I	U	G	O	H	N	H	Y	O	E	X	S	F
A	D	Z	V	L	P	M	W	G	F	G	M	S	N	E	Q
K	C	T	K	H	I	V	C	J	W	Y	M	S	N	M	Z
J	P	A	T	J	N	E	U	C	W	N	Y	E	M	A	F
D	I	N	E	R	G	R	O	E	N	T	E	M	Q	G	B
D	N	D	I	J	U	R	G	N	I	N	D	Z	C	M	G
G	J	H	D	B	G	U	F	Y	O	Y	H	L	V	Q	O

KIP
KINDEREN
DINER
FAMILIE
VOEDSEL
VORKEN
VRIENDEN
FRUIT
GAMES
GRILL
HEET
HONGER
MESSEN
MUZIEK
SALADES
ZOUT
SAUS
ZOMER
TOMATEN
GROENTE

69 - Chocolate

H	R	F	Y	I	K	C	K	A	R	A	M	E	L	W	Q
E	E	S	Z	A	N	O	A	M	O	R	A	Q	B	A	R
E	C	W	V	M	U	G	K	L	K	N	B	C	C	R	X
R	E	K	C	P	I	T	R	O	O	Z	O	E	T	T	C
L	P	E	O	N	S	F	E	E	S	R	E	T	T	I	B
I	T	U	V	N	G	G	K	E	D	N	I	T	N	J	O
J	B	X	M	Y	S	X	I	T	D	I	O	E	U	U	K
K	S	M	A	A	K	V	U	E	R	C	Ë	O	Ë	N	M
U	Y	O	O	O	B	J	S	N	X	X	G	N	T	N	P
E	R	G	O	G	T	N	A	D	I	X	O	I	T	N	A
A	R	T	I	S	A	N	A	A	L	F	A	G	W	L	I
C	A	E	X	O	T	I	S	C	H	O	C	I	F	N	R
Z	Z	B	L	W	T	Y	U	N	U	I	A	K	O	A	R
M	K	U	V	I	A	L	P	J	P	J	C	V	L	Z	Q
F	A	V	O	R	I	E	T	I	E	T	I	L	A	W	K
D	Z	A	N	T	C	I	O	H	K	P	I	N	D	A	S

ANTIOXIDANT
AROMA
ARTISANAAL
BITTER
CACAO
CALORIEËN
SNOEP
KARAMEL
KOKOSNOOT
HEERLIJK
EXOTISCH
FAVORIET
INGREDIËNT
PINDA'S
KWALITEIT
RECEPT
SUIKER
ZOET
SMAAK
ETEN

70 - Vegetables

Q	X	L	A	N	E	O	P	M	O	P	F	D	R	Y	O
K	X	O	L	X	D	I	Q	M	Q	F	E	L	A	W	X
P	S	O	E	Z	A	T	Z	F	H	J	E	R	A	O	T
I	G	K	T	L	L	N	O	A	V	P	Y	A	P	N	W
C	B	M	E	Q	A	D	V	M	N	N	D	D	K	Q	C
J	D	E	Y	T	S	H	J	T	A	I	V	I	U	P	W
B	R	O	C	C	O	L	I	O	A	A	P	J	I	F	C
E	I	L	E	S	R	E	T	E	P	Z	T	S	R	E	K
Y	F	B	H	P	E	Q	W	L	Y	Z	P	E	R	N	O
G	E	M	B	E	R	O	R	S	E	L	D	E	R	I	J
C	K	Q	U	C	R	C	E	V	D	T	Y	N	K	G	S
K	O	M	K	O	M	M	E	R	W	C	R	A	R	R	I
P	A	D	D	E	S	T	O	E	L	B	T	O	V	E	T
H	P	C	G	B	H	W	S	S	A	K	I	S	W	B	R
S	J	A	L	O	T	K	N	O	F	L	O	O	K	U	A
U	D	K	H	U	M	C	B	Q	O	F	Q	B	K	A	S

ARTISJOK
BROCCOLI
WORTEL
BLOEMKOOL
SELDERIJ
KOMKOMMER
AUBERGINE
KNOFLOOK
GEMBER
PADDESTOEL
UI
PETERSELIE
ERWT
POMPOEN
RADIJS
SALADE
SJALOT
SPINAZIE
TOMAAT
RAAP

71 - The Media

N	K	L	E	E	U	D	I	V	I	D	N	I	L	D	L
A	K	V	Q	H	S	J	I	W	R	E	D	N	O	F	F
G	Y	L	C	O	Z	L	R	A	D	I	O	T	K	I	K
Q	Z	Y	B	S	K	E	I	L	B	U	P	E	A	N	K
D	X	T	M	I	E	E	I	T	I	D	E	L	A	A	Q
C	O	M	M	U	N	I	C	A	T	I	E	L	L	N	H
I	E	X	O	Y	E	C	T	G	A	L	M	E	W	C	O
K	I	F	Y	L	T	R	H	N	U	A	T	C	V	I	U
R	R	Q	Z	O	I	E	H	I	E	A	V	T	V	E	D
E	T	A	H	B	E	M	P	N	Q	T	B	U	M	R	I
W	S	C	N	V	F	M	U	E	S	I	R	E	S	I	N
T	U	W	I	T	V	O	F	M	D	G	V	E	U	N	G
E	D	Z	P	P	E	C	F	X	L	I	H	L	V	G	V
N	N	J	M	K	L	N	M	G	I	D	X	D	U	D	G
O	I	O	N	L	I	N	E	H	W	E	S	I	P	T	A
W	S	T	I	J	D	S	C	H	R	I	F	T	E	N	X

ADVERTENTIES
HOUDING
COMMERCIEEL
COMMUNICATIE
DIGITAAL
EDITIE
ONDERWIJS
FEITEN
FINANCIERING
INDIVIDUEEL
INDUSTRIE
INTELLECTUEEL
LOKAAL
TIJDSCHRIFTEN
NETWERK
KRANTEN
ONLINE
MENING
PUBLIEK
RADIO

72 - Boats

V	K	O	L	I	Q	B	T	T	Z	V	O	N	D	O	K
L	E	A	Q	F	W	J	E	Z	E	E	W	T	G	H	B
T	Z	E	N	Z	J	A	C	M	M	A	T	R	O	O	S
M	X	D	R	O	W	Q	T	K	A	J	A	K	I	Y	Z
W	H	U	E	B	U	T	G	A	A	N	B	O	E	I	E
P	C	Q	E	I	O	O	K	Q	X	M	N	U	J	V	I
K	S	J	M	T	T	O	J	D	D	Y	F	I	J	P	L
R	I	V	I	E	R	B	T	O	L	V	X	C	N	J	B
Y	T	H	C	A	J	S	S	L	U	P	D	T	T	G	O
C	U	V	U	C	K	G	A	D	M	F	Z	A	Y	D	O
M	A	K	I	U	U	N	M	Z	M	L	R	N	Z	Z	T
F	N	U	T	M	V	I	K	L	K	L	J	K	L	U	T
C	T	C	S	Q	E	D	C	X	Z	F	L	E	J	O	V
X	Z	A	Y	U	E	D	M	O	T	O	R	R	V	R	A
Q	Q	R	A	E	G	E	M	U	O	S	A	O	L	F	W
L	I	J	X	X	Z	R	O	C	E	A	A	N	B	H	H

ANKER
BOEI
KANO
BEMANNING
DOK
MOTOR
VEERBOOT
KAJAK
MEER
REDDINGSBOOT
MAST
NAUTISCH
OCEAAN
VLOT
RIVIER
TOUW
ZEILBOOT
MATROOS
ZEE
JACHT

73 - Activities and Leisure

D	U	I	K	E	N	S	V	H	O	N	K	B	A	L	T
S	U	R	F	E	N	C	F	O	K	E	A	L	F	I	T
A	D	U	R	O	Q	H	H	I	E	T	E	N	N	I	S
K	C	C	V	D	Q	I	L	A	B	T	E	K	S	A	B
K	P	C	F	L	C	L	Y	T	Y	K	B	T	L	W	G
S	V	W	F	X	S	D	B	R	V	M	G	A	Q	F	Q
T	O	X	I	F	S	E	B	O	J	S	Q	F	L	O	G
U	S	Z	Q	N	Y	R	O	P	K	Q	J	E	C	E	J
I	R	A	C	E	N	I	H	S	T	S	N	U	K	N	T
N	L	C	N	M	E	J	M	L	R	N	E	T	H	A	K
I	R	M	H	M	L	T	I	E	U	Y	R	N	T	O	M
E	C	W	C	E	E	O	V	G	F	Z	E	V	R	T	T
R	R	F	S	W	D	N	E	N	N	A	P	S	T	N	O
E	W	E	R	Z	N	L	D	E	Z	B	M	V	O	T	Q
N	P	D	I	U	A	B	Y	H	L	H	A	I	T	T	T
A	Y	A	W	S	W	T	S	D	X	T	K	Y	V	S	U

KUNST
HONKBAL
BASKETBAL
BOKSEN
KAMPEREN
DUIKEN
HENGELSPORT
TUINIEREN
GOLF
WANDELEN
HOBBY
SCHILDERIJ
RACEN
ONTSPANNEN
VOETBAL
SURFEN
ZWEMMEN
TENNIS
REIS

74 - Driving

J	G	Z	R	E	M	M	E	N	U	G	B	F	M	V	G
K	Q	R	X	G	Z	Q	T	Y	C	K	H	H	O	E	E
M	L	X	L	W	Y	D	P	F	Q	U	Z	S	T	I	V
X	S	W	E	G	V	D	S	K	T	L	G	S	O	L	A
K	T	L	R	E	G	N	A	G	T	E	O	V	R	I	A
V	E	R	K	E	E	R	C	U	A	G	R	G	C	G	R
D	I	E	H	L	E	N	S	H	T	N	A	J	V	H	B
U	F	G	A	R	A	G	E	X	A	O	Z	E	H	E	Y
F	R	X	I	J	T	T	Q	K	T	U	J	Q	N	I	R
N	O	F	J	G	B	X	E	O	G	P	F	S	C	D	O
Z	T	W	V	R	A	M	Y	U	U	O	U	F	G	U	P
Q	O	J	H	V	L	S	J	M	J	L	C	L	E	N	W
L	M	T	U	N	N	E	L	Y	H	I	Y	A	F	U	P
B	R	A	N	D	S	T	O	F	M	T	R	A	A	K	R
V	R	A	C	H	T	A	U	T	O	I	Z	B	X	P	Y
L	I	C	E	N	T	I	E	G	X	E	V	T	M	U	J

ONGELUK
REMMEN
AUTO
GEVAAR
CHAUFFEUR
BRANDSTOF
GARAGE
GAS
LICENTIE
KAART
MOTOR
MOTORFIETS
VOETGANGER
POLITIE
WEG
VEILIGHEID
SNELHEID
VERKEER
VRACHTAUTO
TUNNEL

75 - Biology

D	Z	N	S	A	E	I	T	A	T	U	M	V	N	C	F
Z	E	N	U	W	Q	V	C	J	H	Q	U	E	E	O	O
J	N	B	M	O	O	S	O	M	O	R	H	C	U	L	T
E	Ë	U	M	Y	Z	N	E	L	I	Z	L	V	R	L	O
O	I	V	F	L	A	O	S	G	U	M	L	I	O	A	S
S	R	W	I	P	N	O	O	Z	R	T	E	I	N	G	Y
M	E	S	I	V	A	M	I	G	B	G	I	U	S	E	N
O	T	Y	L	T	T	R	B	B	D	O	T	E	K	E	T
S	C	N	U	G	O	O	M	W	V	I	P	G	R	N	H
E	A	A	U	X	M	H	Y	C	P	I	E	G	G	Q	E
Z	B	P	O	E	I	J	S	K	Z	A	R	R	O	V	S
N	R	S	F	M	E	G	C	Y	C	O	C	E	L	E	E
E	M	B	R	Y	O	N	H	G	C	H	Q	Y	N	V	K
N	A	T	U	U	R	L	I	J	K	S	E	D	S	B	W
C	P	Z	E	J	E	A	B	R	F	J	T	I	Y	V	K
H	N	E	D	K	G	W	F	P	H	Z	N	G	V	F	M

ANATOMIE
BACTERIËN
CEL
CHROMOSOOM
COLLAGEEN
EMBRYO
ENZYM
EVOLUTIE
HORMOON
ZOOGDIER
MUTATIE
NATUURLIJK
ZENUW
NEURON
OSMOSE
FOTOSYNTHESE
EIWIT
REPTIEL
SYMBIOSE
SYNAPS

76 - Professions #2

F	A	W	C	F	Y	R	A	B	Q	O	L	U	Z	W	F
I	O	U	I	T	V	I	N	D	E	R	E	O	B	L	I
Z	N	T	S	Ï	U	G	N	I	L	G	B	F	Y	Y	L
O	O	G	O	I	L	L	U	S	T	R	A	T	O	R	O
G	R	M	E	G	G	D	C	H	S	U	L	V	C	U	S
O	M	K	A	N	R	E	G	C	N	R	I	J	R	W	O
O	O	J	V	I	I	A	S	C	H	I	L	D	E	R	O
L	E	R	A	A	R	E	A	X	B	H	Q	P	K	T	F
O	L	W	N	E	Q	P	U	F	N	C	J	I	E	A	T
I	Z	O	Ö	L	O	O	G	R	E	N	M	L	O	N	U
B	S	Z	A	S	T	R	O	N	A	U	T	O	Z	D	I
D	E	T	E	C	T	I	V	E	P	H	S	O	R	A	N
A	G	D	G	O	Z	R	J	D	J	Z	Y	T	E	R	M
O	D	B	R	I	C	S	A	A	B	O	H	M	D	T	A
J	O	U	R	N	A	L	I	S	T	Y	G	B	N	S	N
R	O	I	S	Y	B	V	E	V	D	N	F	P	O	J	Q

ASTRONAUT
BIOLOOG
TANDARTS
DETECTIVE
INGENIEUR
BOER
TUINMAN
ILLUSTRATOR
UITVINDER
JOURNALIST
LINGUÏST
SCHILDER
FILOSOOF
FOTOGRAAF
ARTS
PILOOT
ONDERZOEKER
CHIRURG
LERAAR
ZOÖLOOG

77 - Mythology

B	C	G	Q	Y	R	K	Y	G	E	D	D	H	W	S	W
R	R	U	U	T	L	U	C	D	A	E	Q	T	F	J	E
R	E	G	J	Z	S	G	R	D	L	E	H	D	S	A	Z
W	A	S	A	K	W	A	F	O	H	L	O	O	D	L	E
A	T	E	R	R	E	T	S	N	O	M	F	K	W	O	N
N	I	W	C	B	D	K	Q	D	H	R	C	J	R	E	K
W	E	T	H	P	V	E	Q	E	Y	E	O	I	A	Z	R
N	E	D	E	H	D	O	G	R	N	D	M	L	A	I	I
Y	E	C	T	T	J	T	P	W	Y	N	E	E	K	E	J
N	C	B	Y	Q	K	W	U	D	V	E	S	F	L	O	G
G	B	S	P	F	Z	Q	U	I	B	G	K	R	K	E	E
S	L	T	E	K	R	A	C	H	T	E	I	E	A	V	R
P	S	Q	Y	N	W	T	Q	D	Z	L	L	T	X	M	Y
T	H	R	L	L	J	E	T	X	R	R	B	S	E	I	P
O	V	E	R	T	U	I	G	I	N	G	E	N	C	X	Z
D	U	Z	N	R	F	X	E	W	L	W	X	D	B	A	Q

ARCHETYPE
GEDRAG
OVERTUIGINGEN
CREATIE
WEZEN
CULTUUR
GODHEDEN
RAMP
HEMEL
HELD
JALOEZIE
DOOLHOF
LEGENDE
BLIKSEM
MONSTER
STERFELIJK
WRAAK
KRACHT
DONDER
KRIJGER

78 - Agronomy

O	P	I	K	O	E	I	D	U	T	S	O	G	G	O	Z
G	N	N	E	Q	R	E	T	A	W	B	R	A	F	R	R
Y	H	E	I	X	O	T	O	L	Q	P	C	P	I	G	V
O	S	L	T	T	S	E	M	G	K	A	Q	I	P	A	X
B	K	A	C	K	I	D	C	W	Y	H	W	T	L	N	L
R	M	G	U	D	E	F	K	X	N	C	P	J	A	I	A
L	A	N	D	E	L	I	J	K	E	S	U	V	E	S	N
P	D	I	O	I	N	X	Z	P	M	N	Q	J	W	C	D
B	E	L	R	G	O	Z	X	O	E	E	E	B	N	H	B
A	X	I	P	O	W	E	Q	U	T	T	W	R	Z	I	O
U	R	U	L	L	V	O	E	D	S	E	L	Y	G	E	U
I	G	V	W	O	K	X	H	T	Y	W	I	N	Y	I	W
X	P	R	V	C	V	L	L	Y	S	G	R	O	E	I	E
G	H	E	Y	E	P	L	A	N	T	E	N	W	C	Q	X
K	L	V	O	M	G	E	V	I	N	G	Z	A	D	E	N
J	S	J	G	G	V	F	G	R	O	E	N	T	E	K	C

LANDBOUW
ZIEKTEN
ECOLOGIE
ENERGIE
OMGEVING
EROSIE
MEST
VOEDSEL
GROEI
ORGANISCH
PLANTEN
VERVUILING
PRODUCTIE
LANDELIJK
WETENSCHAP
ZADEN
STUDIE
SYSTEMEN
GROENTE
WATER

79 - Hair Types

V	F	N	B	F	B	G	J	N	W	B	H	O	E	Z	H
X	I	R	E	K	R	U	L	L	E	N	D	B	T	D	X
K	A	A	L	L	A	N	G	G	B	I	X	R	L	Q	E
B	S	A	P	M	L	V	O	Z	Z	Z	Q	G	O	E	K
M	R	L	D	Z	B	U	O	G	C	S	A	S	E	K	A
O	H	E	I	N	S	A	R	Y	O	Z	S	M	T	M	H
G	L	I	M	M	E	N	D	K	D	U	N	I	U	R	B
H	H	Z	W	R	G	V	G	T	R	O	K	I	J	P	F
G	J	S	L	R	E	L	O	I	U	A	Q	J	T	X	F
B	R	V	N	W	Z	E	L	W	E	H	K	L	D	I	K
K	L	I	R	O	O	C	V	J	L	Z	W	A	R	T	X
S	R	O	J	M	N	H	E	G	K	C	S	Z	U	H	Z
Z	Y	V	N	S	D	T	N	R	E	R	Z	A	X	L	Y
O	T	H	R	D	K	E	D	I	G	T	U	C	A	G	T
I	W	T	S	Y	K	N	E	P	J	X	B	H	T	G	C
G	E	V	L	O	C	H	T	E	N	Q	K	T	E	R	T

KAAL
ZWART
BLOND
GEVLOCHTEN
VLECHTEN
BRUIN
GEKLEURD
KRULLEN
KRULLEND
DROOG

GRIJS
GEZOND
LANG
GLIMMEND
KORT
ZACHT
DIK
DUN
GOLVEND
WIT

80 - Garden

T	K	P	E	M	S	O	O	O	C	F	G	M	U	P	B
R	W	T	J	M	R	P	F	D	K	Y	E	R	B	M	O
A	W	G	H	C	K	O	T	S	N	J	I	W	A	Z	O
M	D	P	F	F	E	H	D	V	O	P	L	U	R	S	M
P	B	O	K	V	H	C	F	I	N	G	Y	T	U	S	G
O	T	E	R	R	A	S	H	J	K	V	T	Y	B	H	A
L	Z	P	I	J	A	A	J	V	R	T	E	L	E	P	A
I	Q	Z	H	K	J	H	V	E	U	S	Q	R	F	T	R
N	C	L	D	E	C	B	A	R	I	A	Q	Z	J	L	D
E	Z	R	Q	V	E	A	Z	N	D	U	S	R	H	S	L
M	X	E	E	P	O	N	A	D	G	Y	T	L	J	M	H
K	J	W	T	E	W	K	N	O	N	M	E	O	L	B	T
V	E	R	A	N	D	A	E	G	A	R	A	G	H	D	C
S	T	R	U	I	K	G	M	Z	L	B	A	T	R	D	B
G	A	Z	O	N	P	S	Q	Z	S	T	U	I	N	U	P
F	M	W	J	U	E	Y	U	G	B	O	O	M	Y	F	K

BANK
STRUIK
HEK
BLOEM
GARAGE
TUIN
GRAS
HANGMAT
SLANG
GAZON
BOOMGAARD
VIJVER
VERANDA
HARK
SCHOP
TERRAS
TRAMPOLINE
BOOM
WIJNSTOK
ONKRUID

81 - Diplomacy

P	U	V	D	H	D	A	M	B	A	S	S	A	D	E	R
L	O	E	T	M	U	I	B	U	R	G	E	R	S	O	E
K	A	I	M	A	I	M	S	K	O	H	K	Z	W	P	S
V	A	L	G	O	X	S	A	C	N	A	P	U	T	L	O
K	L	I	B	E	D	F	L	N	U	Z	B	A	L	O	L
E	K	G	V	R	M	A	U	G	I	S	G	M	S	S	U
I	J	H	Y	J	A	E	K	F	Z	T	S	A	O	S	T
T	I	E	T	I	R	G	E	T	N	I	A	I	T	I	I
A	L	I	K	U	U	N	I	N	V	T	G	I	E	N	E
M	R	D	R	R	E	V	H	L	S	S	J	V	R	G	H
O	E	N	K	B	S	L	T	O	N	C	V	P	T	P	K
L	G	Z	G	N	I	R	E	G	E	R	H	I	S	O	K
P	R	W	N	Z	V	W	N	V	C	Z	D	A	G	Q	O
I	U	R	U	E	D	A	S	S	A	B	M	A	P	D	X
D	B	A	H	R	A	P	O	L	I	T	I	E	K	N	R
J	R	S	A	M	E	N	W	E	R	K	I	N	G	E	R

ADVISEUR
AMBASSADEUR
BURGERS
BURGERLIJK
GEMEENSCHAP
SAMENWERKING
DIPLOMATIEK
DISCUSSIE
AMBASSADE

ETHIEK
REGERING
HUMANITAIR
INTEGRITEIT
POLITIEK
RESOLUTIE
VEILIGHEID
OPLOSSING

82 - Countries #1

D	U	I	T	S	L	A	N	D	V	I	T	A	L	I	Ë
L	E	T	L	A	N	D	C	E	E	C	D	V	Ë	C	S
T	X	F	I	N	L	A	N	D	N	X	H	I	A	Q	P
D	Y	P	A	N	A	M	A	J	E	P	Z	E	R	D	A
L	X	H	C	W	N	A	W	P	Z	N	S	T	S	V	N
I	Z	Y	X	O	I	O	N	K	U	G	E	N	I	N	J
B	C	G	K	K	C	A	Y	R	E	J	N	A	J	O	E
I	T	U	E	K	A	V	G	P	L	Z	E	M	K	O	L
Ë	F	Z	R	O	R	R	Ë	U	A	E	G	Q	M	R	Z
L	R	V	V	R	A	Ë	I	L	I	Z	A	R	B	W	Q
C	K	C	U	A	G	X	N	F	E	T	L	F	L	E	G
U	A	K	L	M	U	P	E	T	P	Y	G	E	D	G	I
F	Z	N	Q	O	A	M	M	F	S	O	Z	Z	Z	E	G
X	V	K	A	A	G	G	E	T	B	I	L	B	L	N	H
O	V	F	E	D	M	O	O	B	G	L	J	E	U	J	H
E	D	O	B	D	A	Z	R	C	Q	G	V	O	N	R	S

BRAZILIË
CANADA
EGYPTE
FINLAND
DUITSLAND
IRAK
ISRAËL
ITALIË
LETLAND
LIBIË
MAROKKO
NICARAGUA
NOORWEGEN
PANAMA
POLEN
ROEMENIË
SENEGAL
SPANJE
VENEZUELA
VIETNAM

83 - Adjectives #1

H	L	Y	Y	T	Q	G	A	Z	P	A	X	D	C	W	A
L	A	N	G	Z	A	A	M	Z	W	Z	W	X	N	Z	M
U	U	U	I	C	F	B	A	V	C	A	L	Y	E	X	B
G	W	D	Y	E	W	N	Q	O	A	I	A	T	G	A	I
M	R	N	R	W	S	R	M	I	D	H	E	R	M	A	T
G	E	L	U	K	K	I	G	O	G	C	J	B	O	N	I
K	K	E	I	T	N	E	D	I	O	S	A	E	D	T	E
J	N	H	X	R	G	T	H	T	J	I	R	L	E	R	U
I	O	D	R	O	N	J	A	W	I	T	T	A	R	E	S
L	D	S	I	H	T	J	M	N	W	A	I	N	N	K	G
R	D	W	B	T	K	I	L	U	D	M	S	G	N	K	A
E	R	N	S	T	I	G	S	P	X	O	T	R	B	E	F
E	V	P	D	S	E	G	W	C	E	R	I	I	D	L	N
W	A	A	R	D	E	V	O	L	H	A	E	J	G	I	L
A	B	S	O	L	U	U	T	Q	K	L	K	K	U	J	Y
V	B	E	H	U	L	P	Z	A	A	M	A	Z	Z	K	Z

ABSOLUUT
AMBITIEUS
AROMATISCH
ARTISTIEK
AANTREKKELIJK
MOOI
DONKER
EXOTISCH
GUL
GELUKKIG
ZWAAR
BEHULPZAAM
EERLIJK
IDENTIEK
BELANGRIJK
MODERN
ERNSTIG
LANGZAAM
DUN
WAARDEVOL

84 - Rainforest

Z	G	Q	N	Ë	E	I	B	I	F	M	A	E	B	O	P
R	E	S	T	A	U	R	A	T	I	E	O	H	E	V	A
B	W	M	L	L	U	Y	E	S	O	A	O	S	H	E	T
J	H	E	P	E	S	N	W	J	G	Q	J	A	O	R	O
P	C	E	D	F	G	I	L	U	F	H	B	S	U	L	E
B	S	H	U	M	C	O	P	N	N	R	Z	G	D	E	V
Q	I	N	U	V	G	C	V	G	L	A	N	O	K	V	L
C	N	I	T	A	A	M	I	L	K	I	T	A	M	I	U
T	A	W	O	L	K	E	N	E	A	N	C	U	Q	N	C
B	T	R	O	O	S	P	I	H	G	S	E	L	U	G	H
Z	O	O	G	D	I	E	R	E	N	E	P	A	Z	R	T
B	B	W	Q	E	P	R	U	A	V	C	S	S	I	G	K
L	N	M	Y	B	B	N	W	B	V	T	E	H	B	U	Z
W	W	A	A	R	D	E	V	O	L	E	R	V	Y	K	Q
X	Z	U	F	C	B	T	M	D	C	N	Z	U	X	N	W
G	E	M	E	E	N	S	C	H	A	P	F	Y	Z	G	V

AMFIBIEËN
VOGELS
BOTANISCH
KLIMAAT
WOLKEN
GEMEENSCHAP
INHEEMS
INSECTEN
JUNGLE
ZOOGDIEREN
MOS
NATUUR
BEHOUD
TOEVLUCHT
RESPECT
RESTAURATIE
SOORT
OVERLEVING
WAARDEVOL

85 - Global Warming

J	T	E	C	R	C	K	N	E	G	L	O	V	E	G	T
T	E	M	P	E	R	A	T	U	R	E	N	U	N	E	O
I	Q	O	A	T	D	S	H	H	U	P	S	B	E	G	E
W	E	T	E	N	S	C	H	A	P	P	E	R	R	E	K
A	A	N	D	A	C	H	T	A	I	A	I	Q	G	V	O
J	A	W	Z	T	C	Y	Q	R	N	G	T	H	I	E	M
K	T	F	H	P	X	P	Z	C	D	N	A	N	E	N	S
H	L	R	R	H	J	V	S	T	U	I	R	S	D	S	T
M	L	I	W	A	T	J	K	I	S	R	E	I	X	D	L
I	Q	C	M	B	E	M	Q	S	T	E	N	S	R	I	H
L	S	E	L	A	V	L	V	C	R	G	E	I	G	M	F
I	T	L	H	A	A	F	V	H	I	E	G	R	P	B	P
E	Y	Y	O	F	Y	T	X	U	E	R	X	C	K	N	E
U	E	O	N	T	W	I	K	K	E	L	I	N	G	R	A
W	E	T	G	E	V	I	N	G	R	M	G	R	Y	H	I
F	H	D	N	Z	Y	P	O	P	U	L	A	T	I	E	S

ARCTISCH
AANDACHT
KLIMAAT
GEVOLGEN
CRISIS
GEGEVENS
ONTWIKKELING
ENERGIE
MILIEU
TOEKOMST
GAS
GENERATIES
REGERING
INDUSTRIE
WETGEVING
NU
POPULATIES
WETENSCHAPPER
TEMPERATUREN

86 - Landscapes

O	S	X	Z	E	G	E	I	S	E	R	N	U	R	S	N
V	G	A	Q	I	R	E	E	M	M	K	J	J	I	T	C
U	Q	Z	T	L	E	V	A	L	L	E	I	R	V	R	D
B	E	R	G	A	B	H	Y	E	W	E	T	N	I	A	Y
T	R	Z	V	N	S	D	A	V	T	Z	S	D	E	N	M
O	S	G	G	D	J	T	W	U	Z	K	E	A	R	D	P
E	E	E	S	Q	I	D	A	E	T	J	O	T	O	R	G
N	A	A	K	L	U	V	M	H	A	D	W	A	L	E	K
D	W	S	C	H	I	E	R	E	I	L	A	N	D	J	W
R	F	A	A	D	Q	P	D	A	T	A	Y	A	W	S	Q
A	E	B	T	R	T	Z	I	K	I	E	M	A	U	T	V
B	N	R	J	E	E	R	K	Q	S	H	O	E	P	E	Z
W	G	W	D	U	R	O	P	I	E	O	E	C	S	L	J
O	O	N	Y	M	Y	V	M	N	Q	C	L	O	T	G	G
X	W	L	Z	A	P	M	A	P	Y	S	R	M	R	U	N
Y	I	H	D	E	F	G	T	L	U	F	T	M	G	K	R

STRAND
GROT
WOESTIJN
GEISER
GLETSJER
HEUVEL
IJSBERG
EILAND
MEER
BERG

OASE
OCEAAN
SCHIEREILAND
RIVIER
ZEE
MOERAS
TOENDRA
VALLEI
VULKAAN
WATERVAL

87 - Visual Arts

U	N	N	X	S	J	O	H	A	P	Z	U	G	H	N	P
K	E	R	A	M	I	E	K	H	R	B	O	U	D	S	E
P	P	M	G	K	R	V	V	O	W	T	J	I	R	K	R
O	Z	E	D	B	E	M	W	U	A	E	I	N	M	Y	S
T	K	E	V	P	D	R	L	T	S	R	R	E	X	B	P
L	S	S	E	T	L	T	G	S	O	T	A	P	S	Q	E
O	D	T	L	Y	I	E	L	K	Z	R	K	F	V	T	C
O	N	E	C	F	H	Z	H	O	M	O	Y	T	C	Q	T
D	H	R	B	I	C	C	J	O	P	P	W	C	A	N	I
I	C	W	G	V	S	H	I	L	M	K	F	O	T	O	E
W	R	E	A	Q	R	V	F	S	T	E	N	C	I	L	F
X	G	R	D	C	X	K	M	I	Q	C	E	G	E	G	V
X	U	K	P	I	J	K	B	A	L	R	H	Z	O	N	R
G	N	I	L	L	E	T	S	N	E	M	A	S	E	A	O
B	E	E	L	D	H	O	U	W	W	E	R	K	P	L	O
C	R	E	A	T	I	V	I	T	E	I	T	X	H	T	Q

ARTIEST
KERAMIEK
KRIJT
HOUTSKOOL
KLEI
SAMENSTELLING
CREATIVITEIT
EZEL
FILM
MEESTERWERK
SCHILDERIJ
PEN
POTLOOD
PERSPECTIEF
FOTO
PORTRET
BEELDHOUWWERK
STENCIL
WAS

88 - Plants

A	R	N	S	Z	G	E	G	B	R	Q	Z	Y	X	I	G
Y	C	Y	M	M	M	S	B	O	O	N	T	J	G	S	E
N	O	G	E	Y	O	E	K	X	P	Q	W	N	B	T	B
P	A	X	J	Y	B	B	I	G	M	E	E	S	A	R	L
N	L	E	W	D	A	L	B	M	E	O	L	B	M	U	A
Q	E	A	B	F	H	K	O	L	Q	H	E	X	B	I	D
L	G	R	N	R	D	U	J	E	G	Q	T	L	O	K	E
I	N	O	V	T	T	U	I	N	M	L	R	Y	E	G	R
P	E	L	D	R	K	T	Q	V	M	V	O	B	I	R	T
C	T	F	F	O	Y	U	E	J	T	Z	W	W	T	A	E
T	S	O	B	B	S	M	N	A	I	M	S	Y	A	S	B
F	U	O	K	S	N	O	O	D	E	E	S	Z	T	L	Y
B	T	K	L	I	M	O	P	S	E	S	R	M	E	B	O
P	C	H	S	S	Z	B	J	E	S	T	F	Z	G	J	N
C	A	E	P	M	R	F	E	B	D	R	L	Y	E	Y	O
G	C	I	C	G	Z	O	H	B	O	J	E	S	V	G	A

BAMBOE
BOON
BES
PLANTKUNDE
STRUIK
CACTUS
MEST
FLORA
BLOEM
GEBLADERTE
BOS
TUIN
GRAS
KLIMOP
MOS
BLOEMBLAD
WORTEL
STENGEL
BOOM
VEGETATIE

89 - Countries #2

O	G	U	A	D	S	P	H	U	T	B	K	A	Ë	Z	H
E	P	R	C	U	W	E	A	A	I	R	E	G	I	N	P
K	I	X	I	K	F	T	K	K	Ï	S	C	I	R	A	F
R	E	R	A	E	O	E	Y	G	I	T	B	R	Y	P	S
A	O	N	M	T	K	Z	I	D	G	S	I	W	S	A	O
Ï	J	U	A	B	V	E	D	B	T	V	T	T	C	J	M
N	M	H	J	D	N	O	N	A	B	I	L	A	O	L	A
E	U	I	H	B	Ë	Y	A	L	Y	C	G	F	N	I	L
Q	Z	Z	R	T	I	J	L	E	A	M	J	W	K	B	I
P	B	F	G	X	P	N	S	T	D	N	E	M	L	E	Ë
N	E	P	A	L	O	S	U	I	N	L	D	E	A	R	T
A	L	B	A	N	I	X	R	O	A	X	M	X	O	I	L
D	N	K	G	S	H	V	X	W	G	G	M	I	S	A	C
E	Q	R	Y	J	T	D	W	M	E	R	M	C	M	Z	H
O	D	J	F	A	E	O	P	W	O	X	U	O	V	H	S
S	D	E	N	E	M	A	R	K	E	N	Z	D	I	O	V

ALBANI
DENEMARKEN
ETHIOPIË
GRIEKENLAND
HAÏTI
JAMAICA
JAPAN
LAOS
LIBANON
LIBERIA
MEXICO
NEPAL
NIGERIA
PAKISTAN
RUSLAND
SOMALIË
SOEDAN
SYRIË
OEGANDA
OEKRAÏNE

90 - Adjectives #2

H	S	U	K	R	E	T	S	B	G	U	U	J	A	T	I
C	E	K	J	I	L	R	U	U	T	A	N	N	N	V	N
S	B	E	Z	O	E	K	Q	S	E	V	G	Y	D	F	T
I	I	J	T	T	G	I	R	E	P	A	L	S	R	J	E
T	U	O	Z	T	A	B	K	C	D	N	G	D	O	U	R
A	K	E	I	T	N	E	H	T	U	A	I	N	O	V	E
M	W	I	L	D	T	G	C	P	P	O	R	E	G	Y	S
A	C	V	Z	P	H	A	R	R	W	M	E	V	U	Y	S
R	L	T	X	M	H	A	E	O	Y	A	G	J	D	W	A
D	N	O	Z	E	G	F	A	D	H	T	N	I	F	O	N
M	Z	P	F	L	X	D	T	U	U	W	O	R	A	Z	T
E	U	A	I	E	T	J	I	C	V	J	H	H	U	Z	O
O	F	G	Y	H	R	U	E	T	V	D	G	C	P	C	A
R	K	C	D	A	O	C	F	I	W	R	E	S	N	W	A
E	K	C	X	T	T	J	C	E	U	W	E	E	J	G	N
B	Q	C	Q	F	S	I	H	F	B	T	N	B	Q	Z	B

AUTHENTIEK
CREATIEF
BESCHRIJVEND
DRAMATISCH
DROOG
ELEGANT
BEROEMD
BEGAAFD
GEZOND
HEET
HONGERIG
INTERESSANT
NATUURLIJK
NIEUW
PRODUCTIEF
TROTS
ZOUT
SLAPERIG
STERK
WILD

91 - Psychology

V	D	O	G	N	I	L	E	D	R	O	O	E	B	U	D
N	A	O	E	I	T	I	N	G	O	C	R	P	E	P	R
E	M	Y	D	K	A	A	R	P	S	F	A	E	R	A	O
T	X	D	R	F	L	J	I	N	Y	S	W	R	V	I	M
H	B	J	A	S	E	I	T	O	M	E	X	C	A	S	E
C	P	A	G	X	O	Q	N	E	G	A	M	E	R	T	N
A	O	H	B	I	V	G	G	I	T	Q	N	P	I	S	N
D	I	N	H	G	E	E	X	E	S	G	W	T	N	U	W
E	L	B	F	D	G	U	E	J	G	C	V	I	G	W	L
G	M	E	E	L	B	O	R	P	W	O	H	E	E	E	W
W	W	V	U	O	I	B	R	C	P	Q	O	C	N	B	N
L	D	J	J	S	R	C	W	P	P	P	P	R	B	R	E
E	G	I	Z	L	W	U	T	I	E	T	I	L	A	E	R
T	H	E	R	A	P	I	E	N	Z	B	N	P	Q	D	C
B	E	W	U	S	T	E	L	O	O	S	C	V	L	N	S
I	D	E	E	Ë	N	Y	E	T	E	F	O	G	M	O	Q

AFSPRAAK
BEOORDELING
GEDRAG
JEUGD
KLINISCH
COGNITIE
CONFLICT
DROMEN
EGO
EMOTIES
ERVARINGEN
IDEEËN
PERCEPTIE
PROBLEEM
REALITEIT
GEVOEL
ONDERBEWUST
THERAPIE
GEDACHTEN
BEWUSTELOOS

92 - Math

I	L	A	A	R	T	S	X	G	Q	N	O	O	P	N	A
N	A	T	Z	E	E	I	T	C	A	R	F	M	A	G	H
I	A	D	T	T	D	K	R	H	C	O	M	T	R	E	X
W	M	P	W	E	O	I	E	E	R	R	F	R	A	I	N
Q	I	A	R	M	C	B	V	N	C	Z	S	E	L	R	P
C	C	C	R	A	I	R	B	I	K	H	N	K	L	T	J
P	E	J	Z	I	W	F	D	Q	S	U	T	E	E	E	F
B	D	R	G	D	E	F	P	C	P	I	N	H	L	M	G
L	B	T	D	S	X	C	M	X	W	B	E	D	O	O	Q
P	I	E	G	P	P	H	O	E	K	E	N	Y	I	E	X
S	O	M	P	G	O	D	R	I	E	H	O	E	K	G	K
H	T	U	G	G	N	I	K	J	I	L	E	G	R	E	V
B	C	L	I	K	E	I	R	T	E	M	M	Y	S	Q	D
Q	H	O	W	A	N	C	S	V	E	E	L	H	O	E	K
W	A	V	P	M	T	N	A	K	R	E	I	V	J	W	G
C	I	J	F	E	R	S	J	C	T	Q	Y	O	Z	A	U

HOEKEN
REKENKUNDIG
OMTREK
DECIMAAL
DIAMETER
DIVISIE
VERGELIJKING
EXPONENT
FRACTIE
GEOMETRIE
CIJFERS
PARALLEL
VEELHOEK
STRAAL
RECHTHOEK
VIERKANT
SOM
SYMMETRIE
DRIEHOEK
VOLUME

93 - Activities

W	W	T	T	I	D	U	J	X	D	K	K	R	G	X	F
C	A	M	U	X	F	G	V	F	Q	O	A	A	A	K	P
K	K	N	D	T	O	A	U	R	Z	D	M	M	M	O	A
U	E	Y	D	U	V	D	U	N	Z	W	P	B	E	K	O
N	R	A	Z	E	M	V	B	F	F	B	E	A	S	D	N
S	A	F	P	J	L	N	E	Z	E	L	R	C	P	B	T
T	M	Z	J	A	T	E	E	L	T	Y	E	H	L	T	S
J	I	Z	D	N	H	I	N	R	C	V	N	T	E	I	P
N	E	A	J	M	C	Y	J	Q	E	R	E	E	Z	E	A
D	K	B	E	L	A	N	G	E	N	I	N	N	I	T	N
E	A	B	E	X	J	K	V	Z	X	J	N	E	E	I	N
P	O	N	R	E	H	Z	R	D	T	E	M	I	R	V	I
X	Q	R	S	D	H	I	T	C	F	T	C	A	U	I	N
V	L	C	R	E	S	A	O	R	E	I	G	A	M	T	G
J	U	Z	W	X	N	X	E	U	J	J	F	N	Y	C	V
F	O	T	O	G	R	A	F	I	E	D	N	W	F	A	H

ACTIVITEIT
KUNST
KAMPEREN
KERAMIEK
AMBACHTEN
DANSEN
GAMES
TUINIEREN
WANDELEN
JACHT
BELANGEN
VRIJE TIJD
MAGIE
FOTOGRAFIE
PLEZIER
LEZEN
ONTSPANNING
NAAIEN

94 - Business

Q	X	Q	N	E	I	M	O	N	O	C	E	P	V	C	X
I	L	Q	B	S	R	X	X	Y	M	Z	W	L	H	R	J
N	E	T	S	O	K	È	Q	W	I	D	G	P	C	C	J
K	E	I	R	B	A	F	I	E	P	N	Z	T	F	K	N
O	Z	M	V	M	T	J	Q	R	M	A	N	A	G	E	R
M	D	H	W	E	X	U	U	K	R	K	Ë	N	K	W	A
E	C	A	V	Q	F	Y	U	N	F	A	I	W	O	I	A
N	Q	Y	P	G	E	L	D	E	Z	T	C	E	R	N	W
O	R	O	O	T	N	A	K	M	C	U	N	R	T	K	S
U	F	I	O	F	O	Y	A	E	H	L	A	K	I	E	L
B	V	K	K	A	J	A	G	R	A	A	N	G	N	L	E
B	E	G	R	O	T	I	N	G	Z	V	I	E	G	I	D
I	N	V	E	S	T	E	R	I	N	G	F	V	I	P	N
C	C	A	V	F	T	L	K	D	S	Q	S	E	R	P	A
N	E	G	N	I	T	S	A	L	E	B	E	R	Y	P	H
H	J	Y	T	K	J	U	J	X	Z	B	W	V	Q	K	Z

BEGROTING
CARRIÈRE
BEDRIJF
KOSTEN
VALUTA
KORTING
ECONOMIE
WERKNEMER
WERKGEVER
FABRIEK
FINANCIËN
INKOMEN
INVESTERING
MANAGER
HANDELSWAAR
GELD
KANTOOR
VERKOOP
WINKEL
BELASTINGEN

95 - The Company

T	I	L	K	F	G	V	I	D	G	R	S	A	U	U	Y
R	N	O	W	W	N	O	T	C	U	D	O	R	P	V	Z
E	D	O	A	X	I	O	N	E	R	E	R	E	N	E	G
N	U	N	L	N	R	R	L	F	L	E	K	D	Q	J	Q
D	S	Q	I	E	E	U	B	E	T	F	A	Y	O	O	O
S	T	C	T	T	T	I	A	I	Y	U	A	T	W	I	K
W	R	O	E	S	S	T	T	T	X	R	Z	Z	I	T	S
F	I	J	I	M	E	G	L	A	A	B	O	L	G	E	I
M	E	I	T	O	V	A	H	V	T	H	I	I	S	Y	F
U	M	R	C	K	N	N	U	O	O	N	U	Y	R	O	O
Q	A	B	U	N	I	G	O	N	E	D	E	H	N	E	E
B	E	S	L	I	S	S	I	N	G	Y	X	S	G	L	X
R	I	S	I	C	O	S	Z	I	B	G	P	U	E	L	S
E	V	Y	L	E	E	N	O	I	S	S	E	F	O	R	P
M	O	G	E	L	I	J	K	H	E	I	D	Y	P	J	P
A	Z	Z	O	Q	M	R	E	P	U	T	A	T	I	E	L

ZAAK
CREATIEF
BESLISSING
GLOBAAL
INDUSTRIE
INNOVATIEF
INVESTERING
MOGELIJKHEID
PRESENTATIE
PRODUCT
PROFESSIONEEL
VOORUITGANG
KWALITEIT
REPUTATIE
INKOMSTEN
RISICO'S
GENEREREN
TRENDS
EENHEDEN
LOON

96 - Literature

O	M	S	C	H	R	I	J	V	I	N	G	J	I	Q	U
B	I	O	G	R	A	F	I	E	G	Z	R	S	G	T	X
R	O	M	A	N	I	W	A	A	L	E	X	V	K	H	D
O	F	R	I	J	M	C	T	N	K	C	D	K	X	E	M
V	E	I	G	O	L	A	N	A	E	K	L	I	Y	M	V
M	K	F	C	S	S	H	S	V	I	K	T	S	C	A	W
I	P	P	D	T	N	S	T	C	S	V	D	R	O	H	R
G	O	O	L	A	I	D	I	P	U	E	T	O	V	T	T
R	I	T	M	E	E	E	J	O	L	R	R	O	T	M	R
I	W	Y	C	B	O	S	L	Ë	C	T	A	F	T	E	Y
U	W	F	D	E	C	Y	N	T	N	E	G	A	O	T	B
A	U	T	E	U	R	L	I	I	O	L	E	T	M	Q	X
U	U	S	U	I	S	A	M	S	C	L	D	E	U	T	T
X	B	N	F	G	I	N	O	C	Z	E	I	M	L	K	L
G	U	Z	R	Q	M	A	O	H	T	R	E	O	C	Q	N
V	E	R	G	E	L	I	J	K	I	N	G	E	A	V	D

ANALOGIE
ANALYSE
ANEKDOTE
AUTEUR
BIOGRAFIE
VERGELIJKING
CONCLUSIE
OMSCHRIJVING
DIALOOG
FICTIE
METAFOOR
VERTELLER
ROMAN
GEDICHT
POËTISCH
RIJM
RITME
STIJL
THEMA
TRAGEDIE

97 - Geography

I	W	E	G	A	M	P	O	W	L	K	F	H	N	Y	L
F	S	P	N	H	K	U	H	F	M	E	W	D	K	P	A
R	I	V	I	E	R	C	O	N	T	I	N	E	N	T	N
S	B	O	B	E	D	O	S	I	Q	O	S	G	V	X	D
X	T	E	Q	Z	N	R	W	I	L	X	U	R	B	H	M
Z	R	A	R	L	A	Q	O	I	G	E	R	O	J	S	E
V	L	X	D	G	L	Y	N	O	K	J	T	N	P	T	R
E	S	G	K	R	I	B	K	M	N	R	R	D	S	O	I
D	A	A	R	G	E	T	D	E	E	R	B	G	H	C	D
M	L	Q	P	E	T	W	R	D	T	M	C	E	A	E	I
N	T	X	C	H	G	E	Z	Q	S	X	P	B	L	A	A
W	A	L	W	O	O	R	V	Y	E	N	C	I	F	A	A
K	A	A	R	T	O	E	B	P	W	B	C	E	R	N	N
A	G	T	K	L	H	L	K	M	E	P	U	D	O	S	Z
Q	W	U	R	A	U	D	Z	U	I	D	E	N	N	W	M
B	T	H	O	L	O	R	R	S	K	W	A	T	D	K	A

HOOGTE
ATLAS
STAD
CONTINENT
LAND
HALFROND
EILAND
BREEDTEGRAAD
KAART
MERIDIAAN
BERG
NOORDEN
OCEAAN
REGIO
RIVIER
ZEE
ZUIDEN
GRONDGEBIED
WESTEN
WERELD

98 - Jazz

R	W	M	Y	X	P	V	A	L	O	T	R	H	G	U	U
A	I	F	T	E	Q	G	T	S	I	N	O	P	M	O	C
R	R	T	A	K	R	V	N	T	R	E	C	N	O	C	U
G	R	T	M	M	U	Z	I	E	K	L	D	U	O	F	D
S	O	E	I	E	F	O	P	C	S	A	R	I	Y	A	Y
T	F	C	K	E	I	N	H	C	E	T	C	W	N	V	J
I	O	I	K	K	S	B	A	P	P	L	A	U	S	O	E
J	B	O	V	O	P	T	N	I	D	K	W	E	M	R	F
L	D	Q	I	O	X	N	O	M	W	T	T	I	U	I	A
O	S	T	X	V	Q	R	U	S	P	I	T	N	R	E	L
H	J	S	I	D	L	U	V	E	G	L	V	A	D	T	B
S	T	E	I	T	A	S	I	V	O	R	P	M	I	E	U
K	I	K	N	A	D	R	U	K	W	W	G	X	U	N	M
B	E	R	O	E	M	D	T	P	A	G	U	V	N	J	F
U	B	O	S	A	M	E	N	S	T	E	L	L	I	N	G
O	B	D	R	D	N	W	Q	I	D	D	H	D	S	N	T

ALBUM
APPLAUS
ARTIEST
COMPONIST
SAMENSTELLING
CONCERT
DRUMS
NADRUK
BEROEMD
FAVORIETEN

IMPROVISATIE
MUZIEK
NIEUW
OUD
ORKEST
RITME
LIED
STIJL
TALENT
TECHNIEK

99 - Nature

L	V	D	R	U	S	T	I	G	P	D	C	L	D	K	G
M	F	W	W	I	L	D	H	G	R	Y	O	C	Y	L	E
S	K	O	D	I	E	R	E	N	Y	N	S	A	T	I	B
C	H	L	V	I	T	A	A	L	J	A	T	L	G	P	L
H	N	K	I	D	W	B	G	H	Y	M	L	X	O	P	A
O	R	E	I	V	I	R	W	R	C	I	H	P	I	E	D
O	E	N	J	I	T	S	E	O	W	S	K	C	R	N	E
N	J	E	V	G	S	O	I	X	Y	C	I	A	I	N	R
H	S	E	F	S	I	B	S	L	X	H	Y	T	F	C	T
E	T	R	Y	W	M	O	O	D	A	S	N	Y	C	O	E
I	E	E	B	U	U	N	R	V	Y	B	E	Y	F	R	N
D	L	S	N	I	X	A	E	L	H	I	N	P	L	A	A
K	G	U	C	F	J	U	H	T	R	O	P	I	S	C	H
U	O	L	K	D	Q	E	M	Y	K	V	G	Q	D	N	R
W	I	H	B	I	Z	T	N	V	N	L	E	W	Y	B	Q
O	S	H	E	I	L	I	G	D	O	M	B	B	U	S	K

DIEREN	GEBLADERTE
ARCTISCH	BOS
SCHOONHEID	GLETSJER
BIJEN	RUSTIG
KLIPPEN	RIVIER
WOLKEN	HEILIGDOM
WOESTIJN	SEREEN
DYNAMISCH	TROPISCH
EROSIE	VITAAL
MIST	WILD

100 - Vacation #2

F	K	D	G	S	U	D	I	K	H	V	Q	D	Q	B	E
T	E	N	T	W	E	I	T	N	A	K	A	V	W	E	I
L	P	E	Y	A	I	L	B	V	B	M	L	M	J	R	L
V	I	S	U	M	C	T	R	E	I	N	P	L	K	G	A
B	U	I	T	E	N	L	A	N	D	E	R	E	M	E	N
B	E	S	T	E	M	M	I	N	G	M	P	V	R	N	D
J	W	Z	G	W	Y	R	V	P	I	N	S	V	W	E	W
Q	S	D	N	A	L	N	E	T	I	U	B	H	G	E	N
N	V	J	J	P	V	Y	B	U	T	Z	X	U	K	L	G
Q	Z	I	H	K	G	D	V	T	J	H	I	C	A	T	Z
H	O	T	E	L	A	N	I	V	E	R	V	O	E	R	E
C	M	E	L	W	O	A	R	E	I	S	C	X	A	Q	E
B	U	J	U	P	E	R	R	K	M	R	B	I	Y	G	J
Y	D	I	X	A	T	T	Z	T	R	O	O	P	S	A	P
B	T	R	L	O	O	S	M	I	F	M	L	J	E	V	A
N	E	V	A	H	T	H	C	U	L	E	O	S	Q	B	W

LUCHTHAVEN
STRAND
KAMPEREN
BESTEMMING
BUITENLANDS
BUITENLANDER
VAKANTIE
HOTEL
EILAND
REIS
VRIJE TIJD
KAART
BERGEN
PASPOORT
ZEE
TAXI
TENT
TREIN
VERVOER
VISUM

1 - Antiques

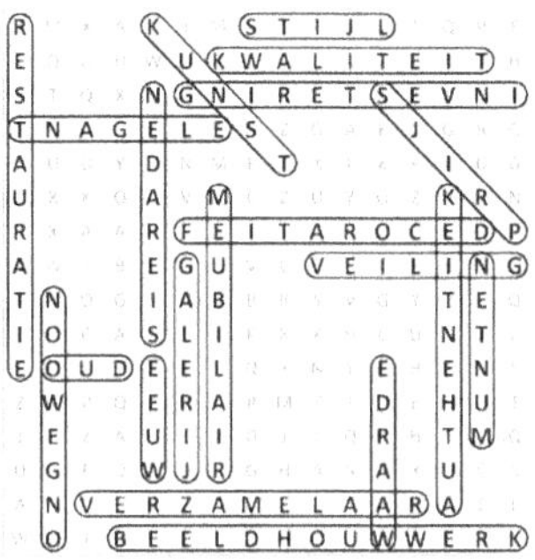

2 - Food #1

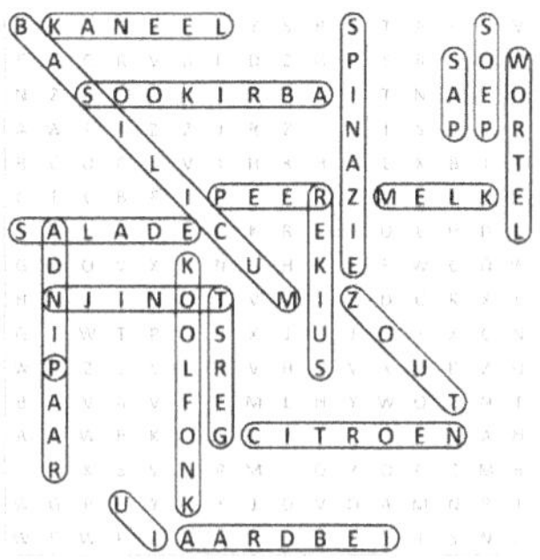

3 - Measurements

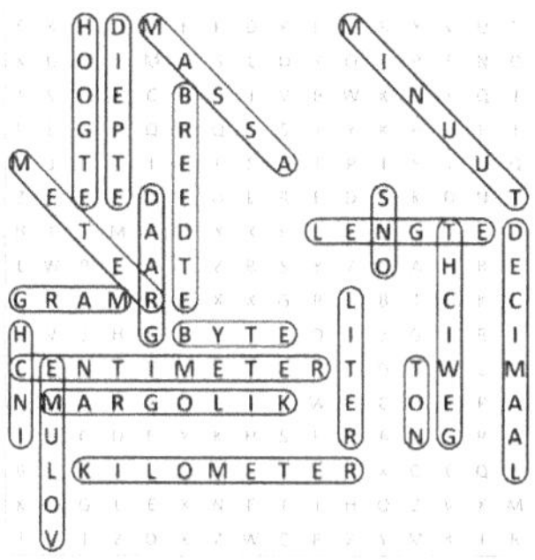

4 - Farm #2

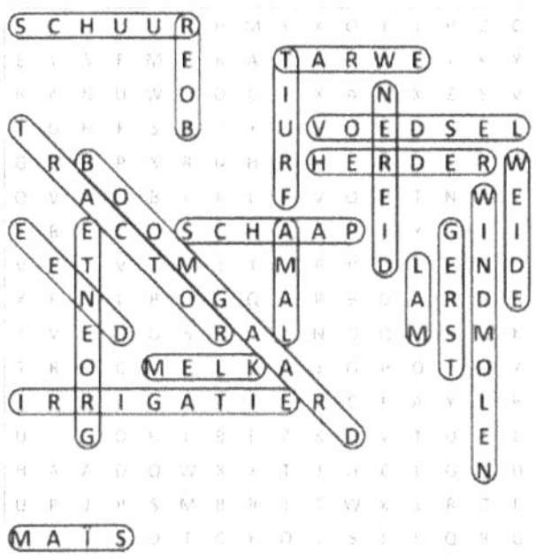

5 - Books

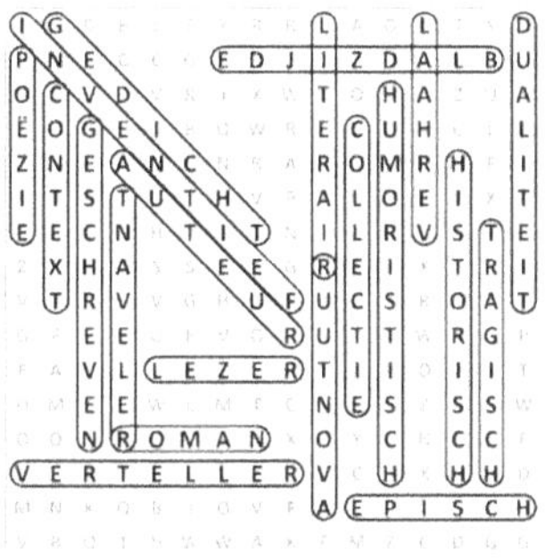

6 - Meditation

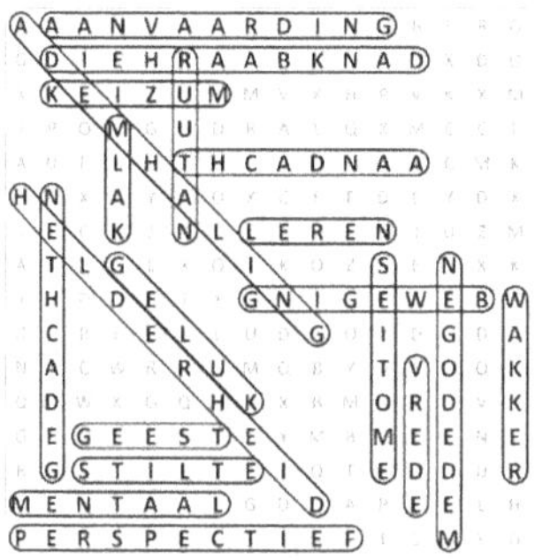

7 - Days and Months

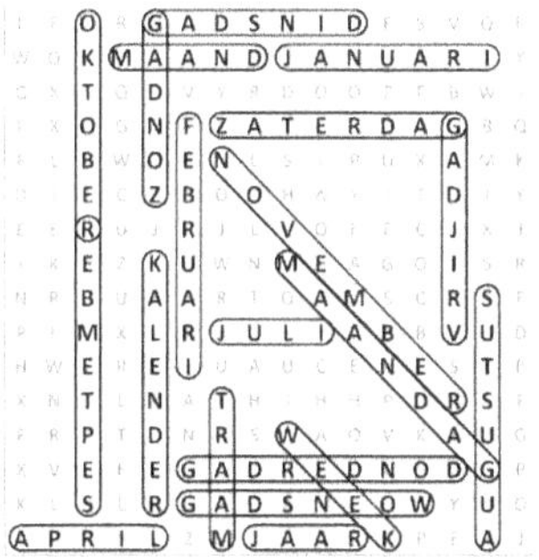

8 - Energy

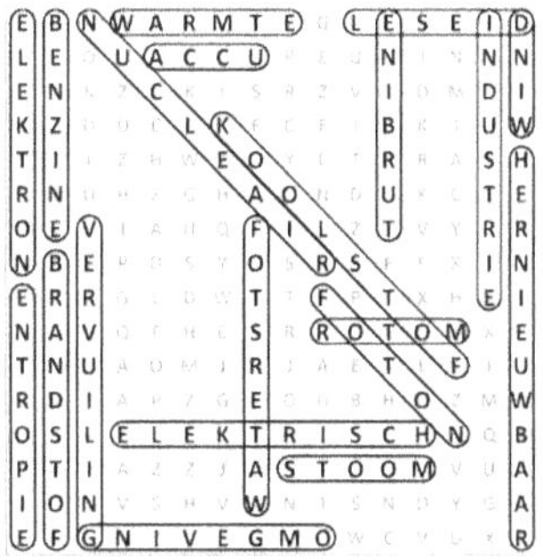

9 - Chess

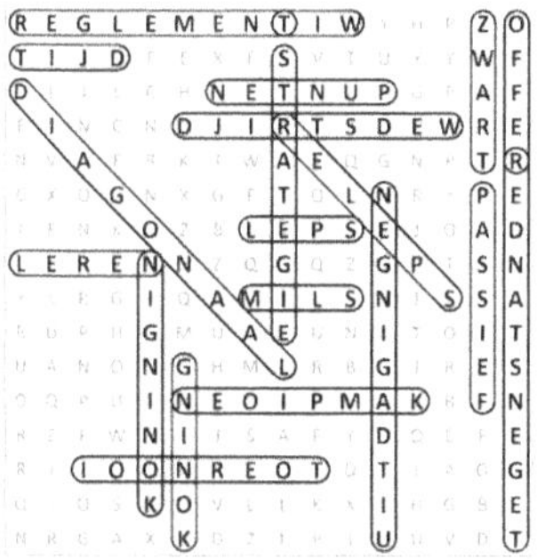

10 - Archeology

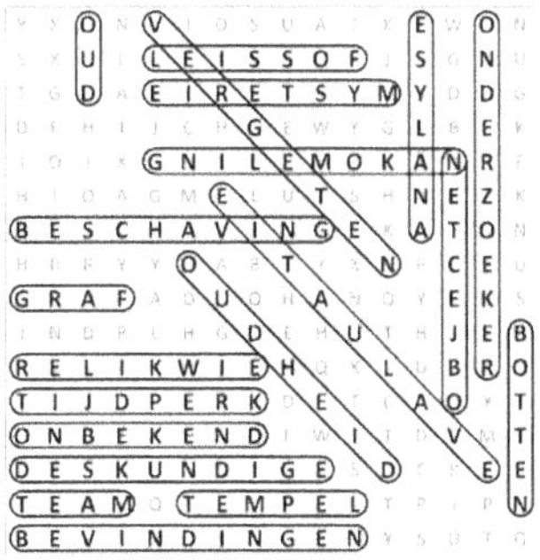

11 - Food #2

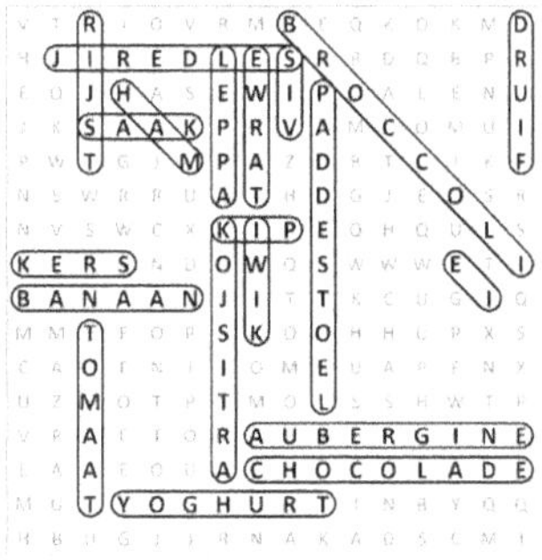

12 - Chemistry

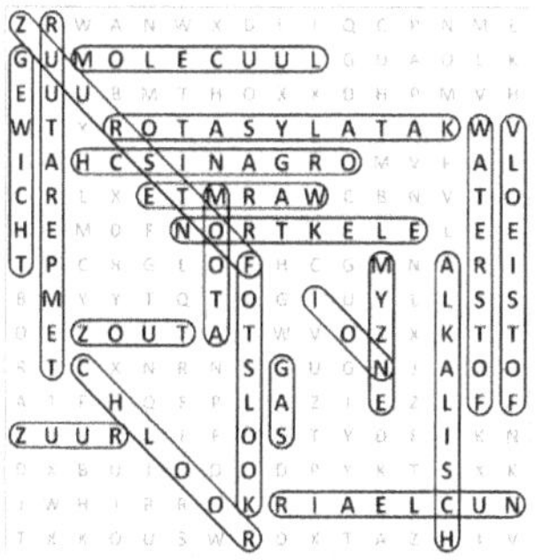

13 - Music

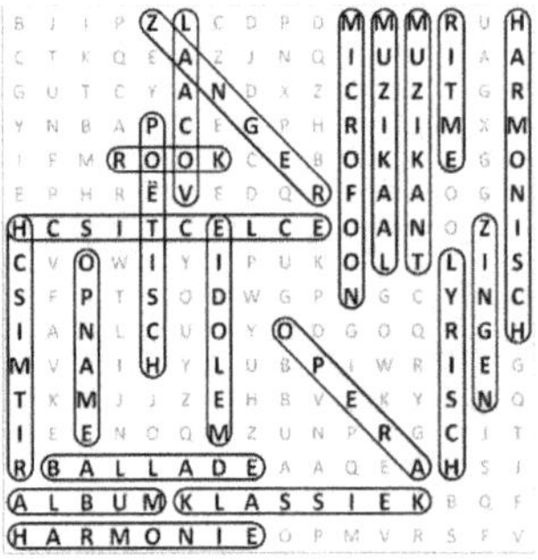

14 - Family

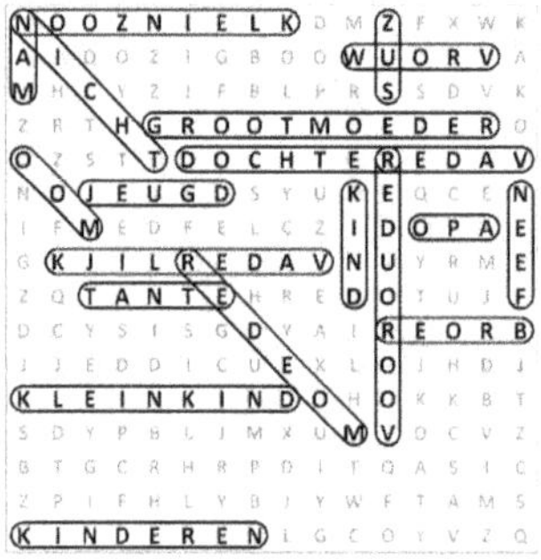

15 - Farm #1

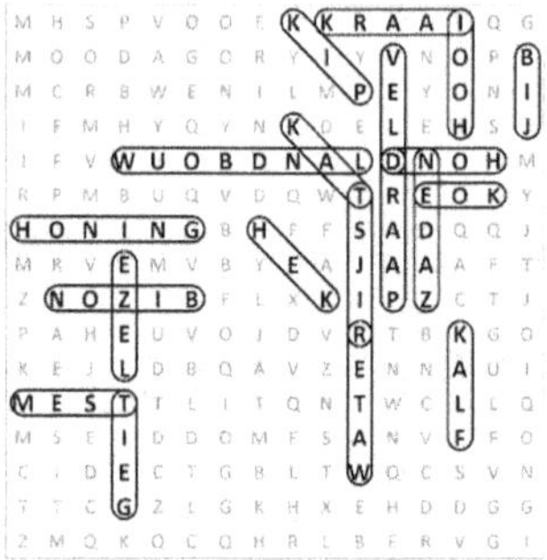

16 - Camping

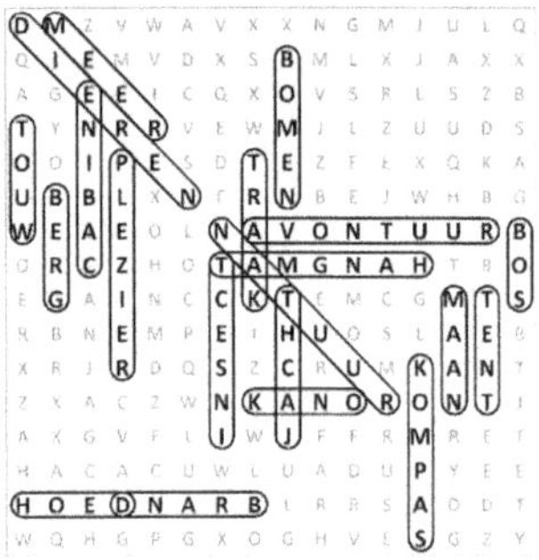

17 - Conservation

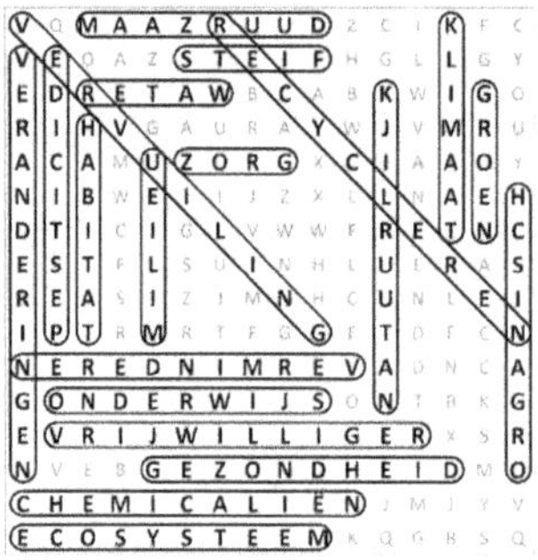

18 - Algebra

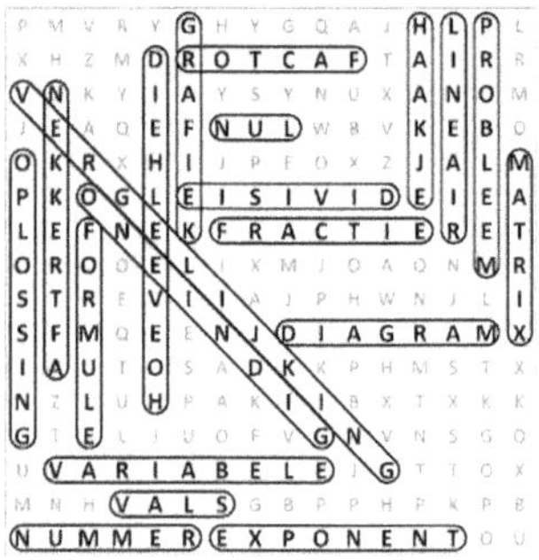

19 - Numbers

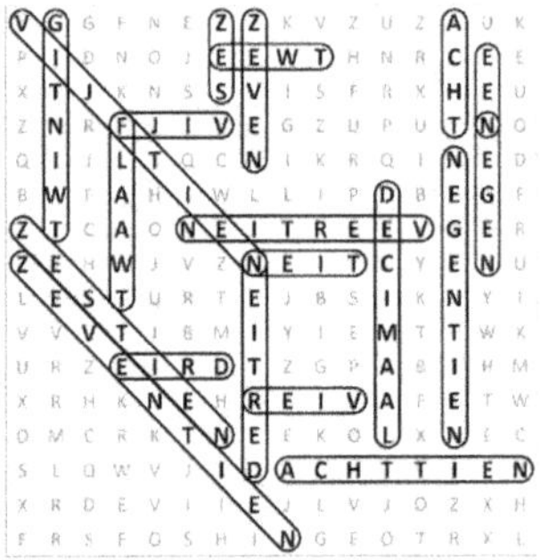

20 - Spices

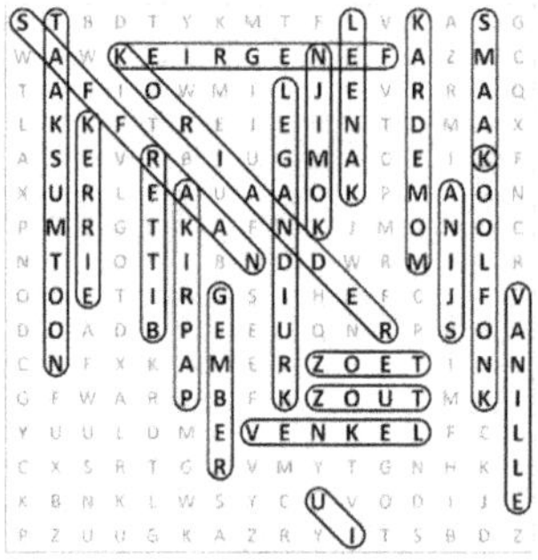

21 - Universe

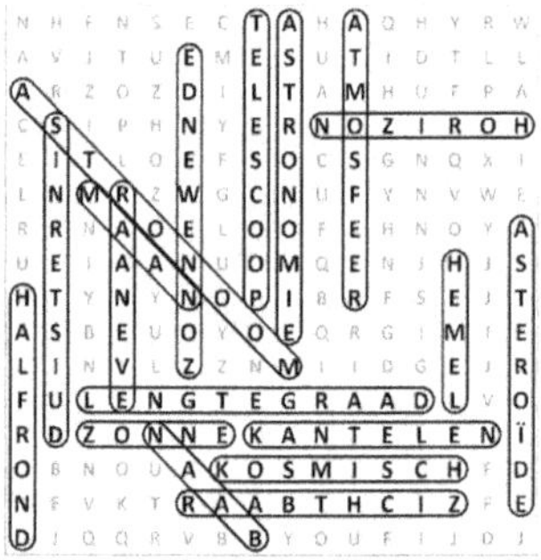

22 - Mammals

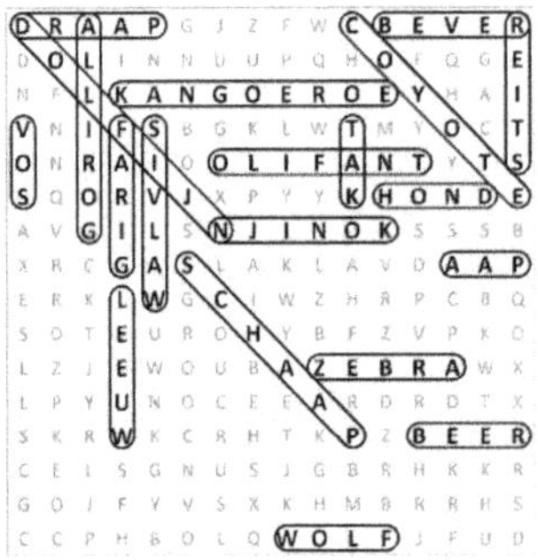

23 - Restaurant #1

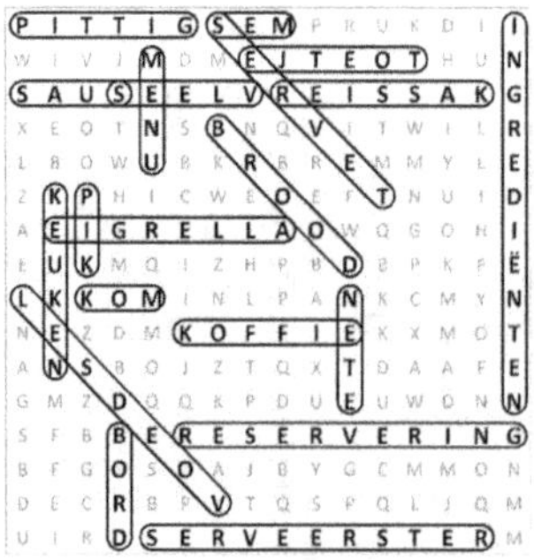

24 - Bees

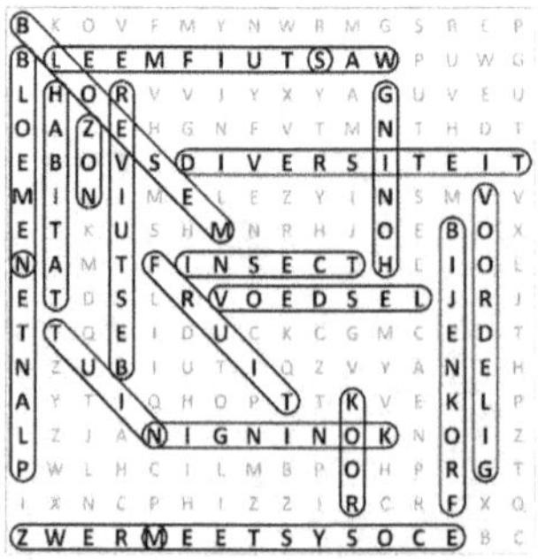

25 - Adventure

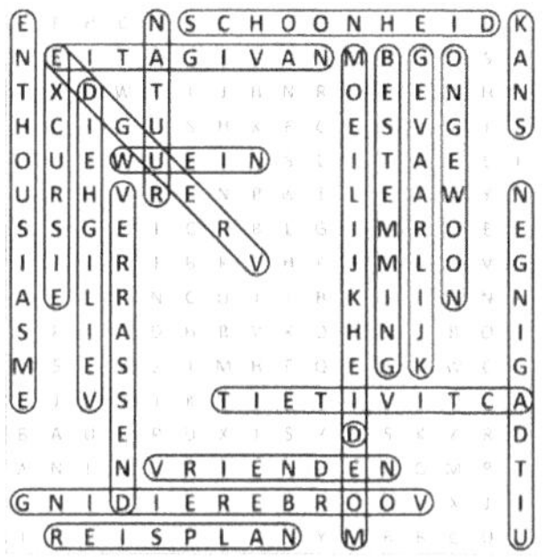

26 - Restaurant #2

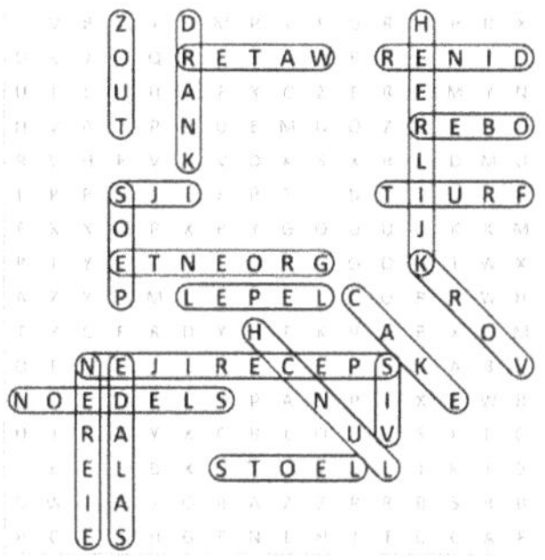

27 - Geology

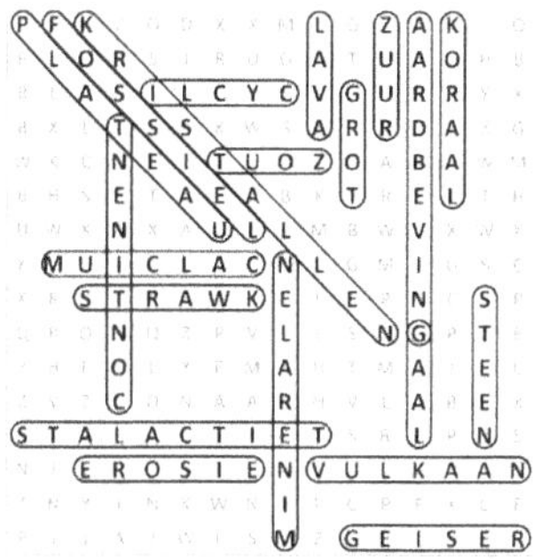

28 - House

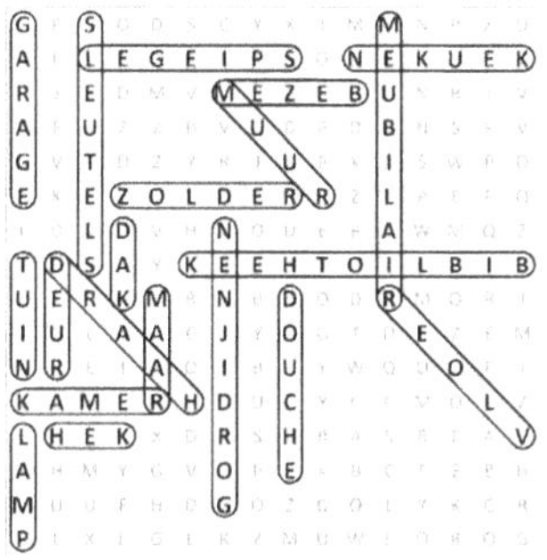

29 - Physics

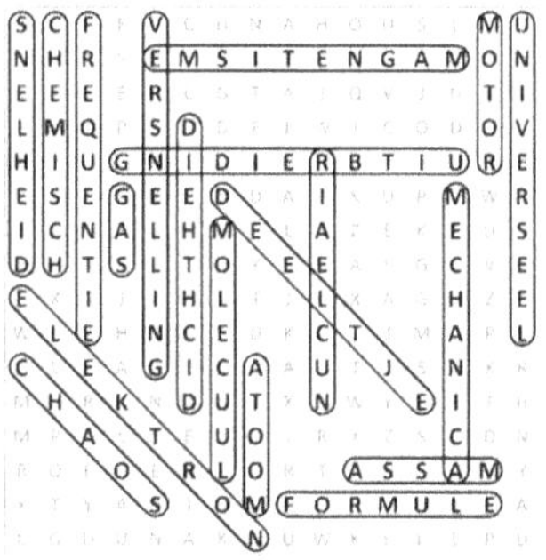

30 - Dance

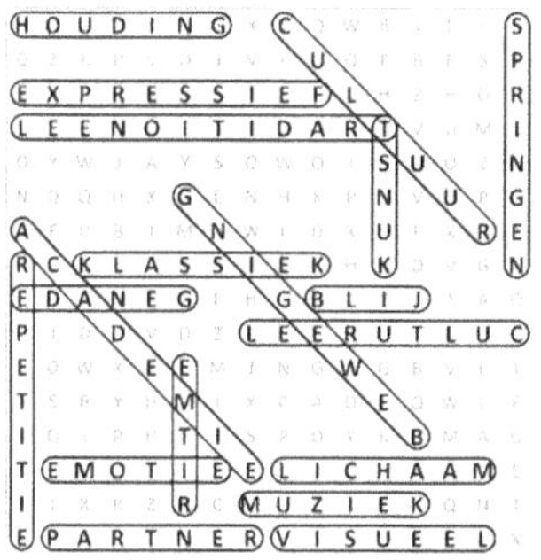

31 - Coffee

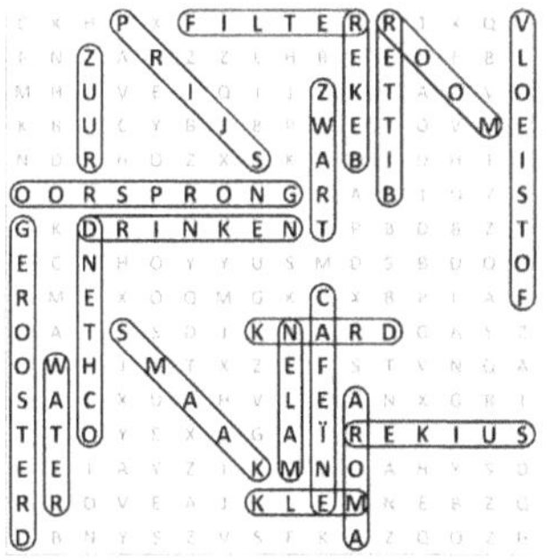

32 - Shapes

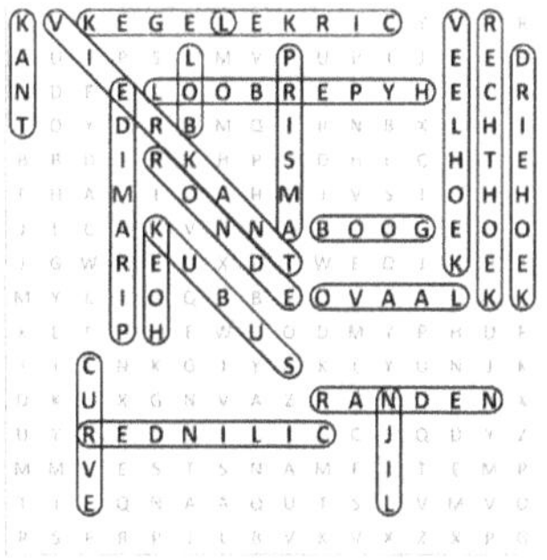

33 - Scientific Disciplines

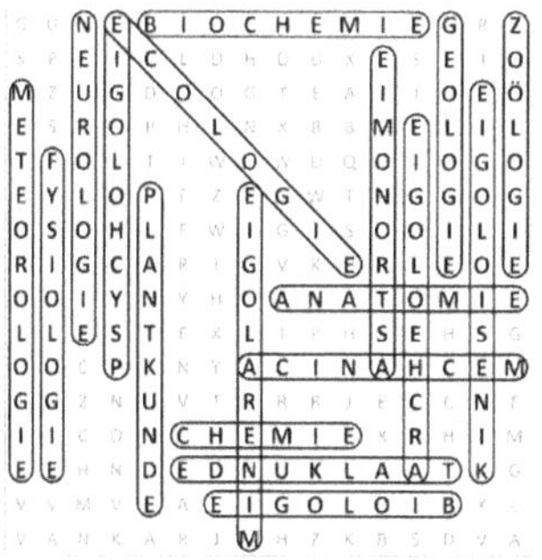

34 - Science

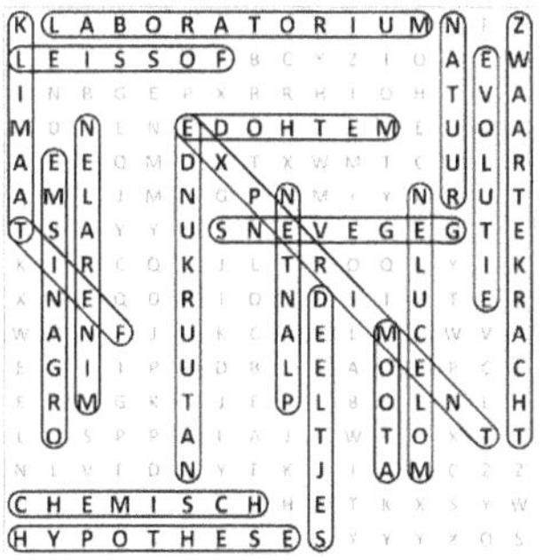

35 - Beauty

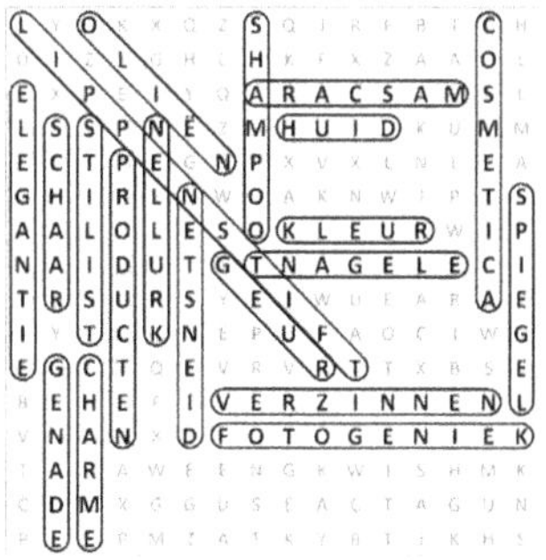

36 - Clothes

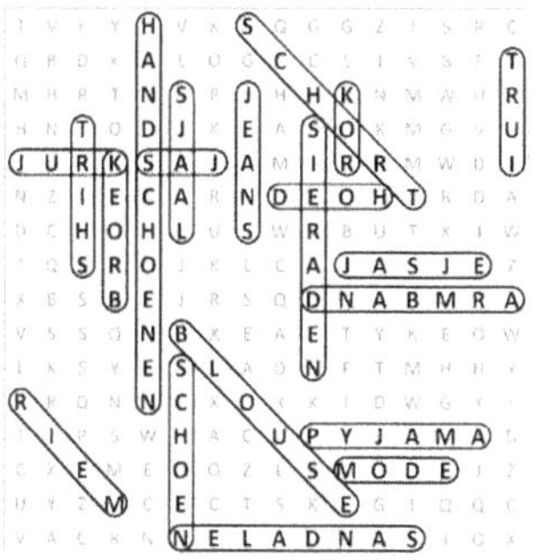

37 - Astronomy

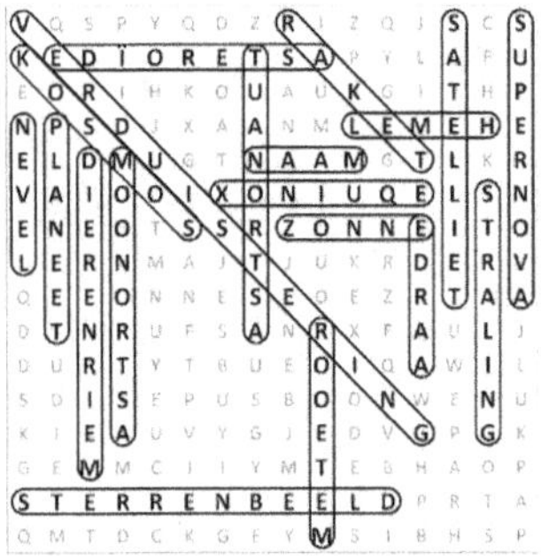

38 - Health and Wellness #2

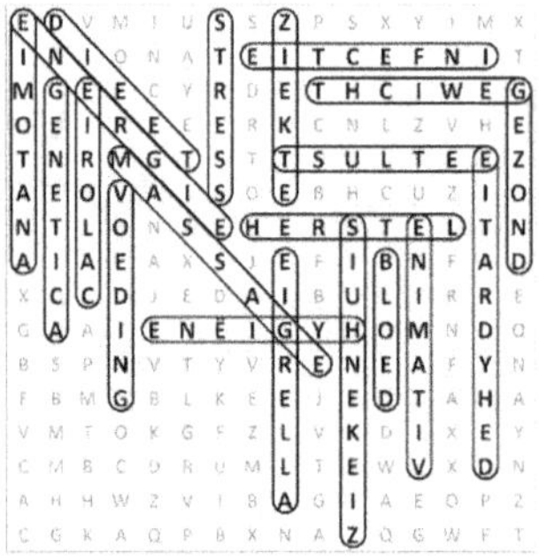

39 - Disease

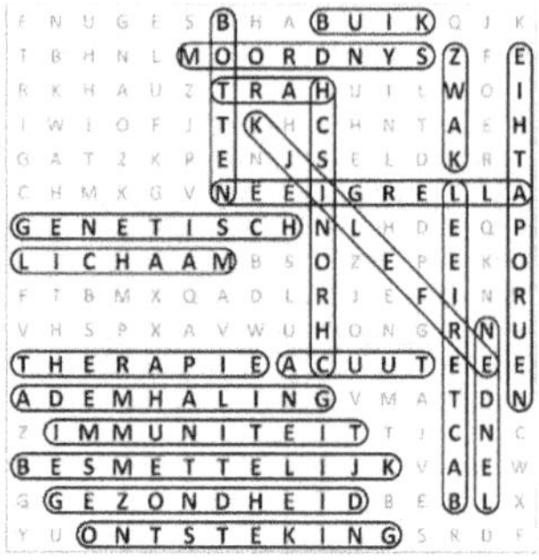

40 - Time

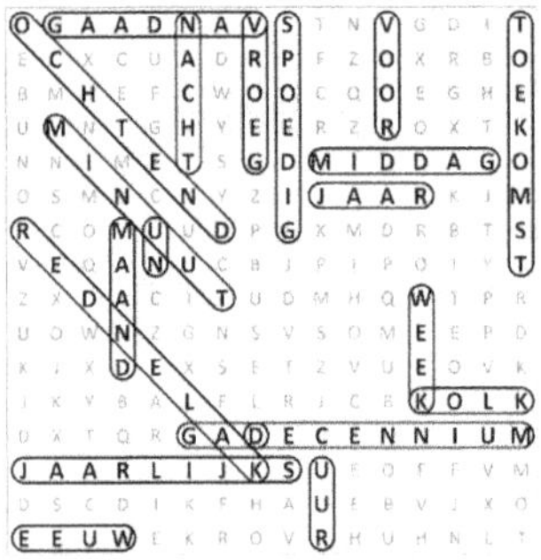

41 - Buildings

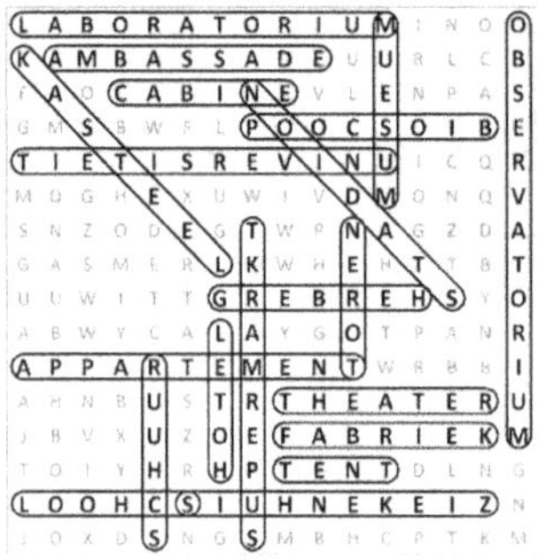

42 - Herbalism

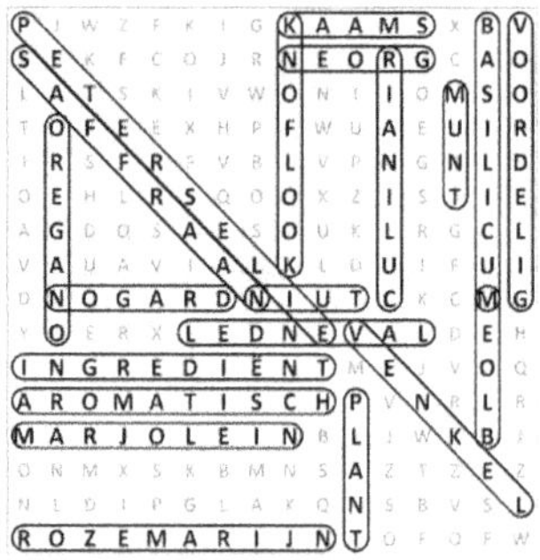

43 - Vehicles

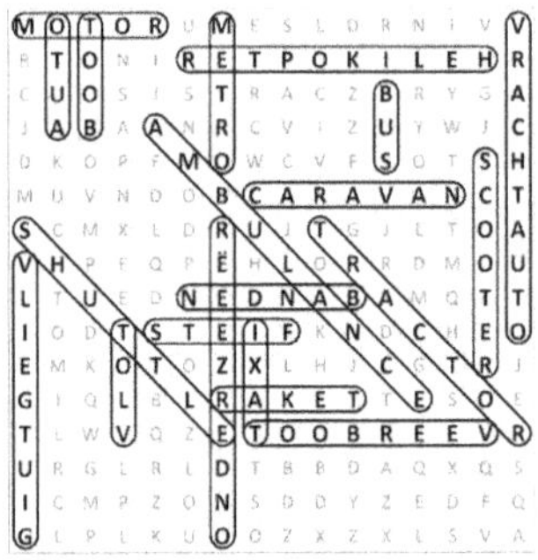

44 - Flowers

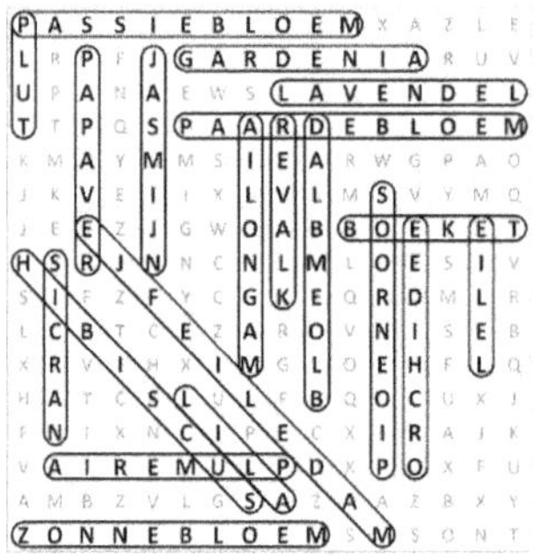

45 - Health and Wellness #1

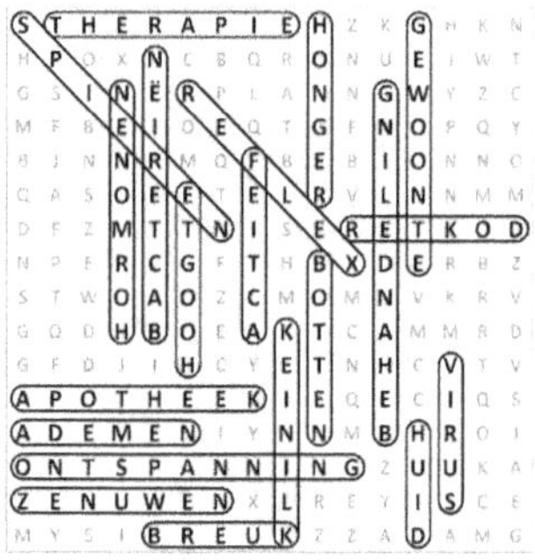

46 - Town

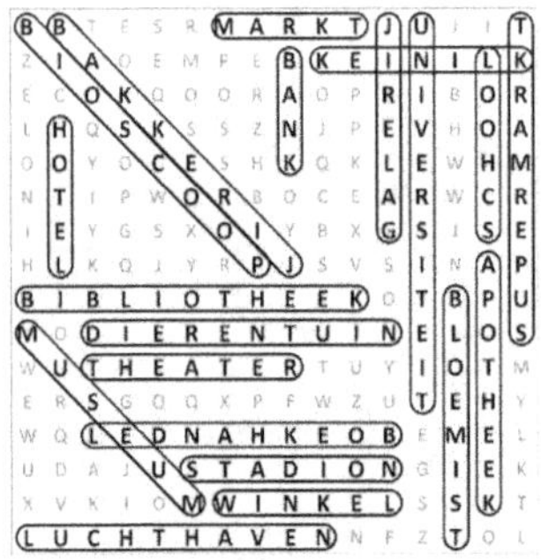

47 - Antarctica

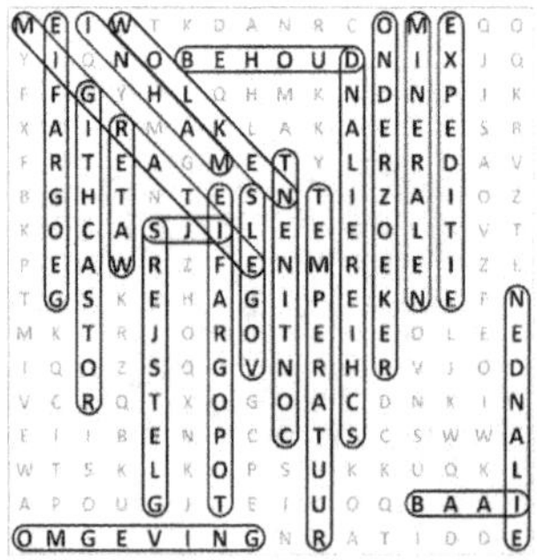

48 - Ballet

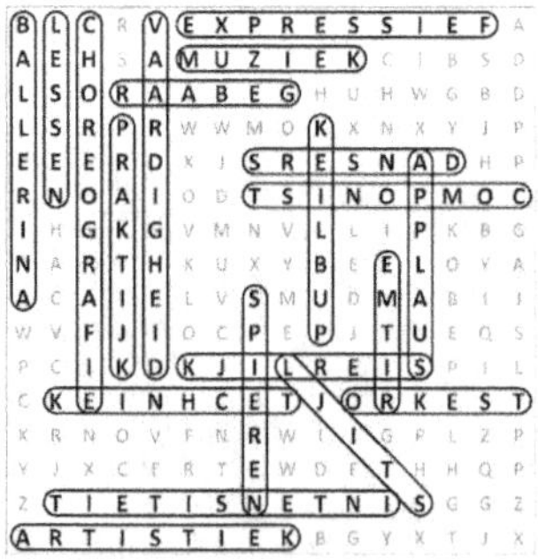

49 - Fashion

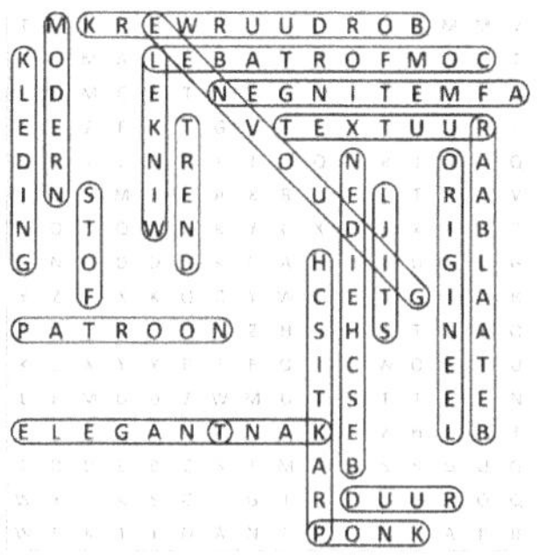

50 - Human Body

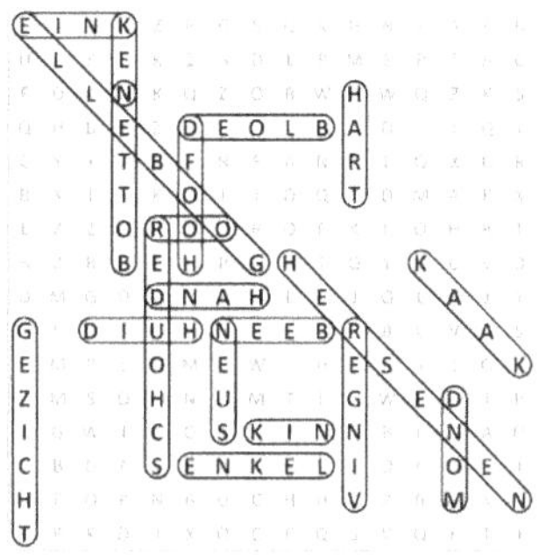

51 - Musical Instruments

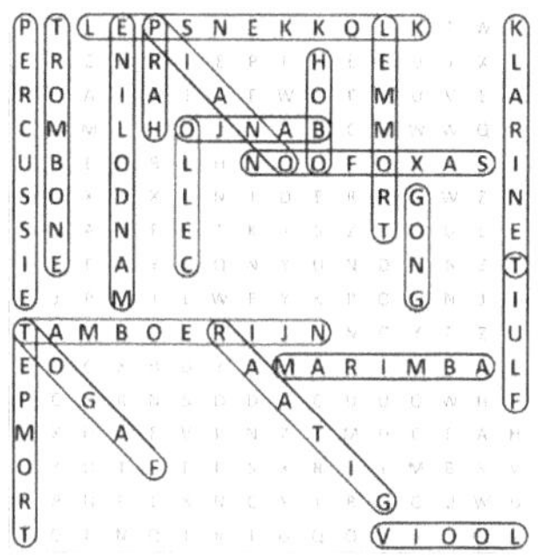

52 - Fruit

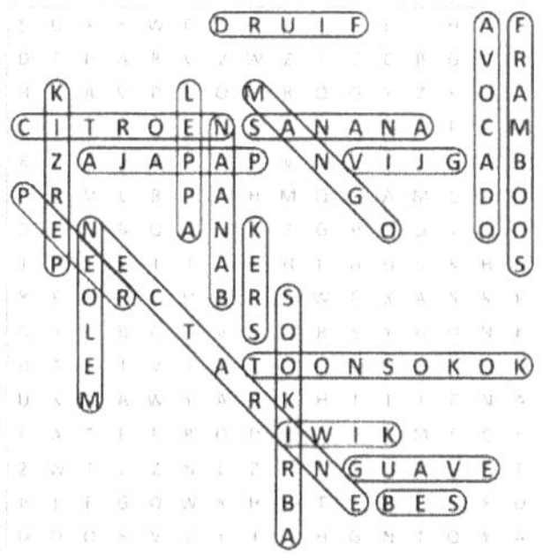

53 - Engineering

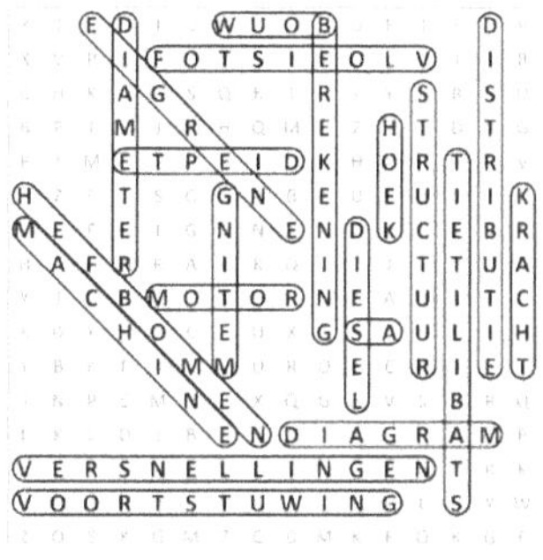

54 - Kitchen

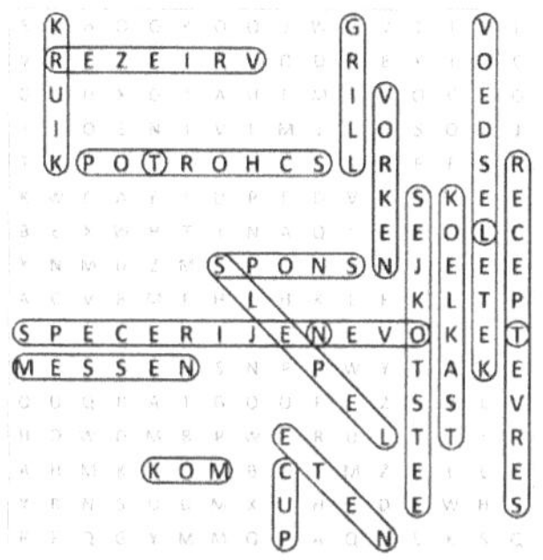

55 - Government

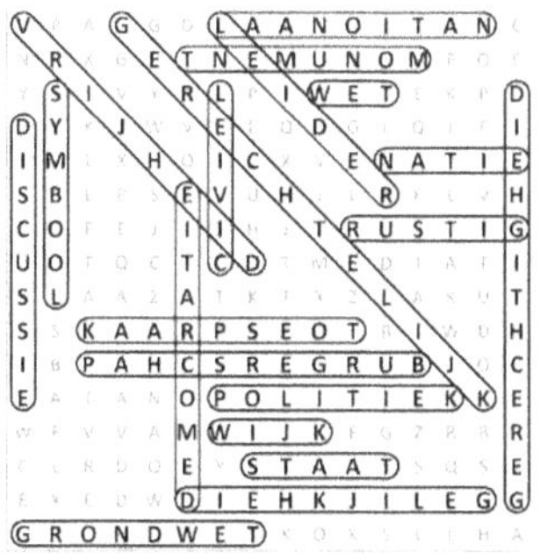

56 - Art Supplies

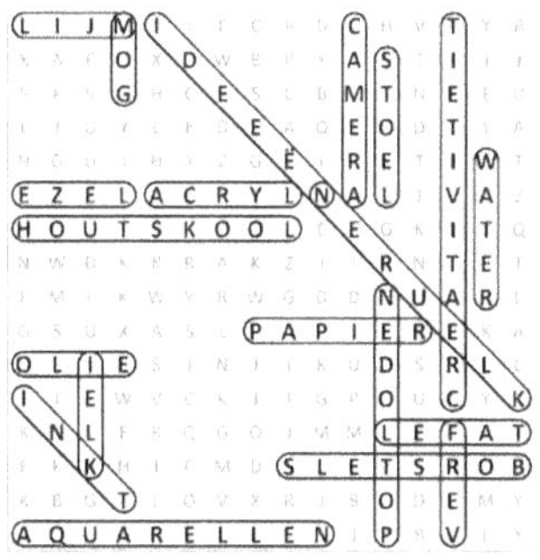

57 - Science Fiction

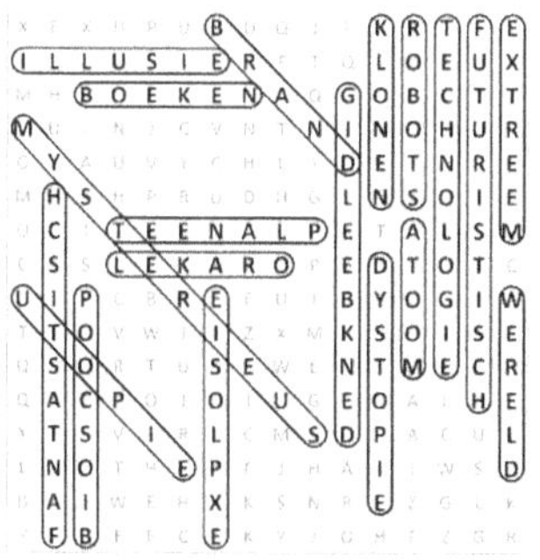

58 - Geometry

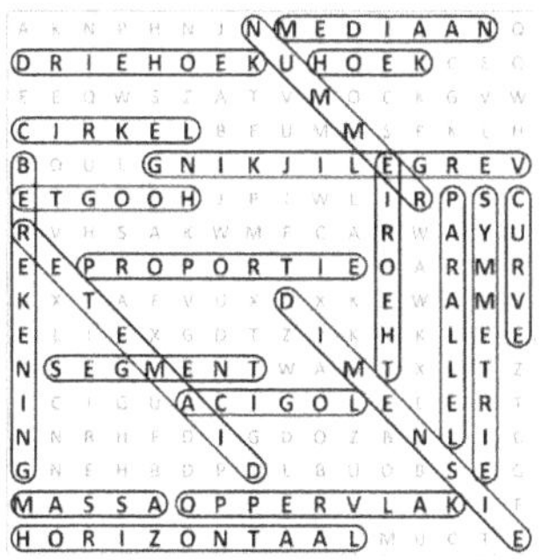

59 - Creativity

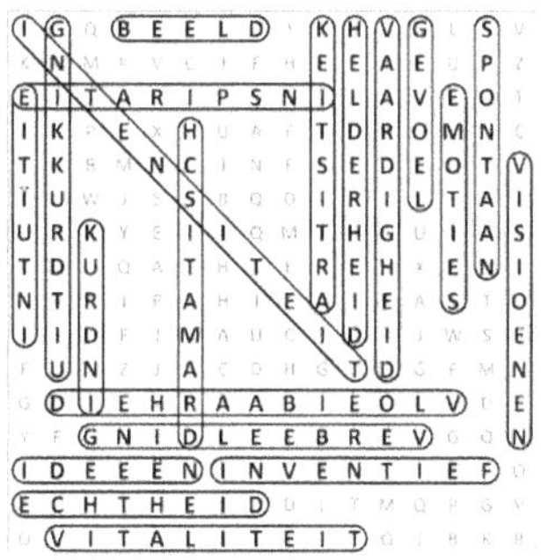

60 - Airplanes

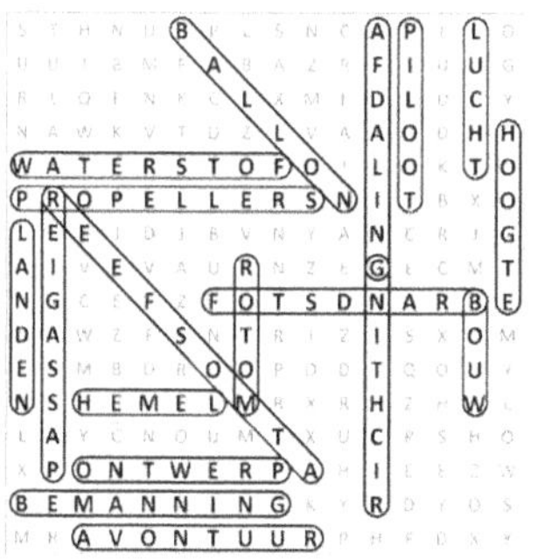

61 - Ocean

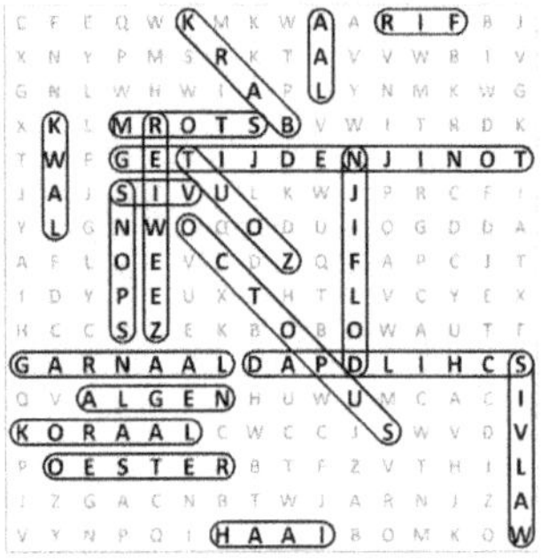

62 - Force and Gravity

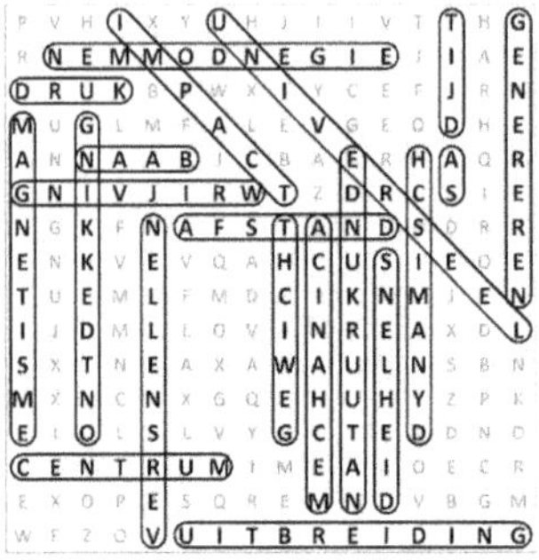

63 - Birds

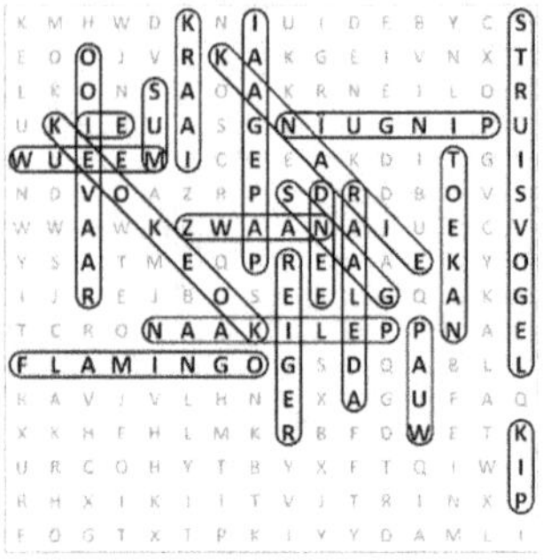

64 - Art

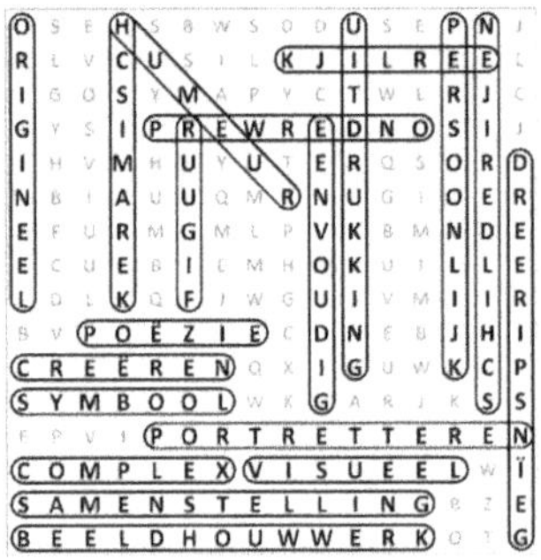

65 - Nutrition

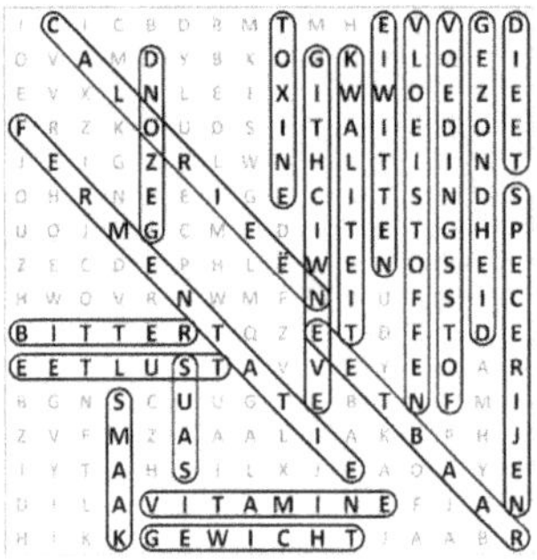

66 - Hiking

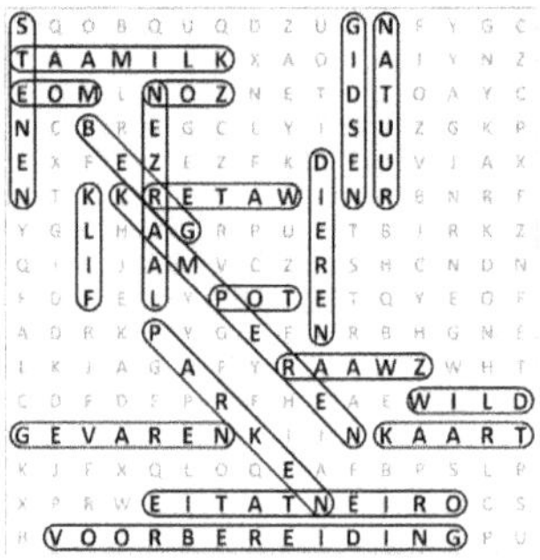

67 - Professions #1

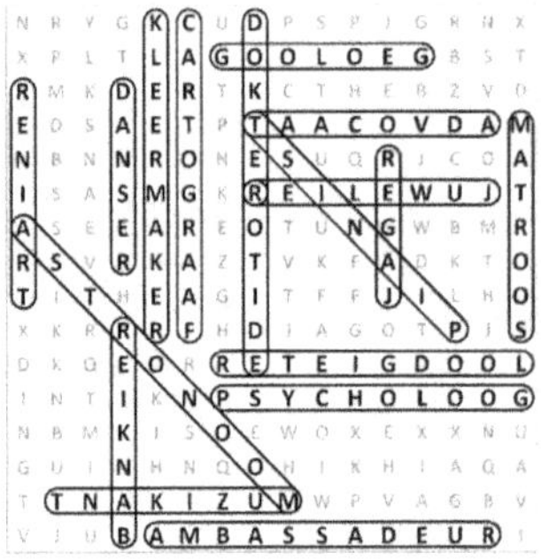

68 - Barbecues

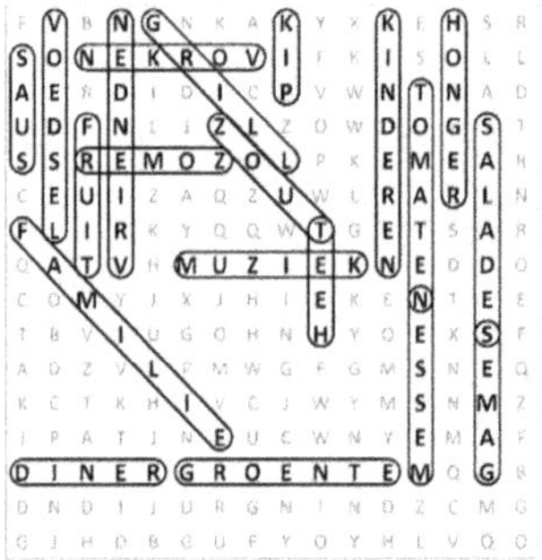

69 - Chocolate

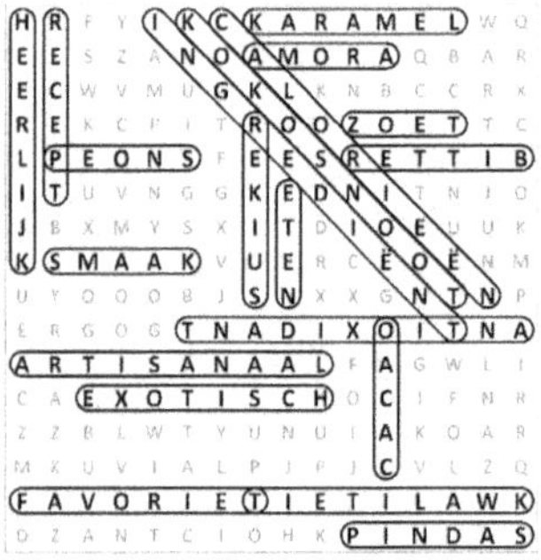

70 - Vegetables

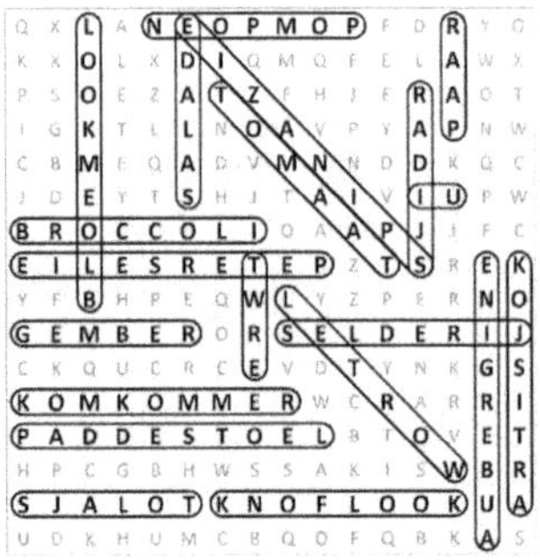

71 - The Media

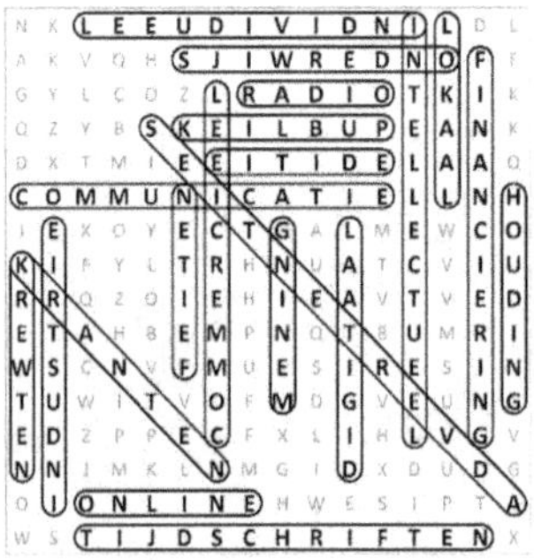

72 - Boats

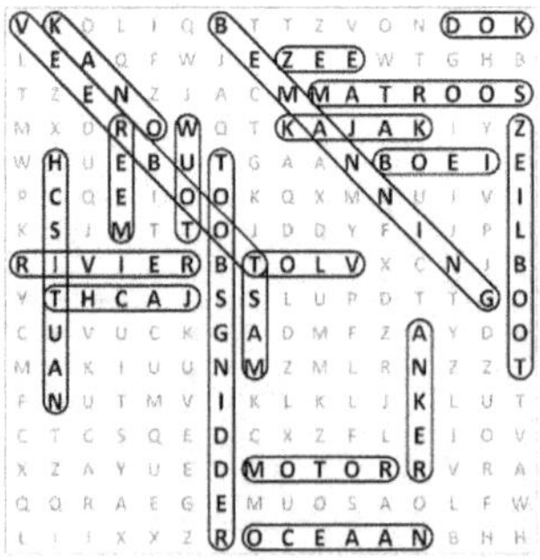

73 - Activities and Leisure

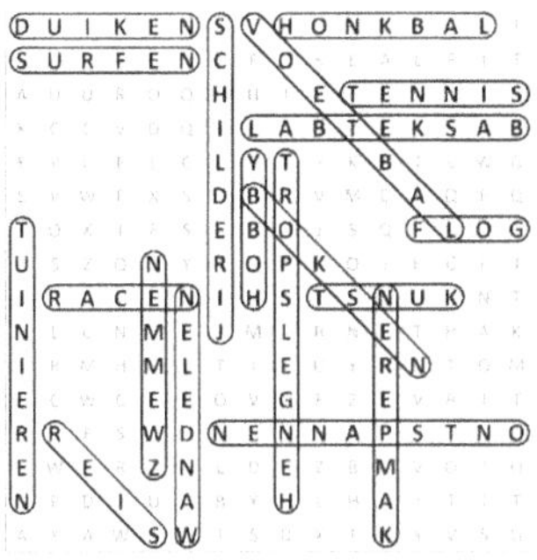

74 - Driving

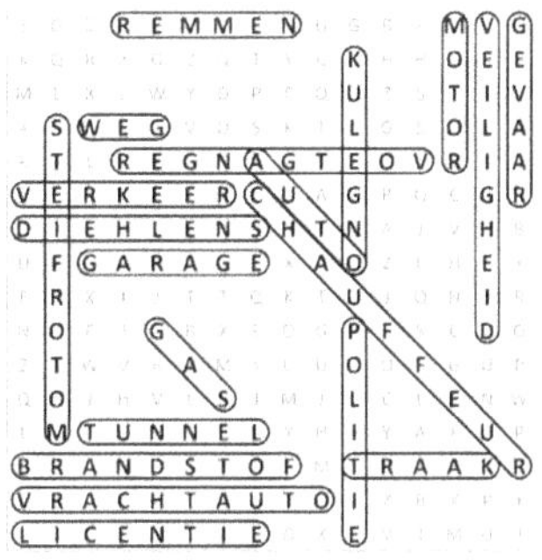

75 - Biology

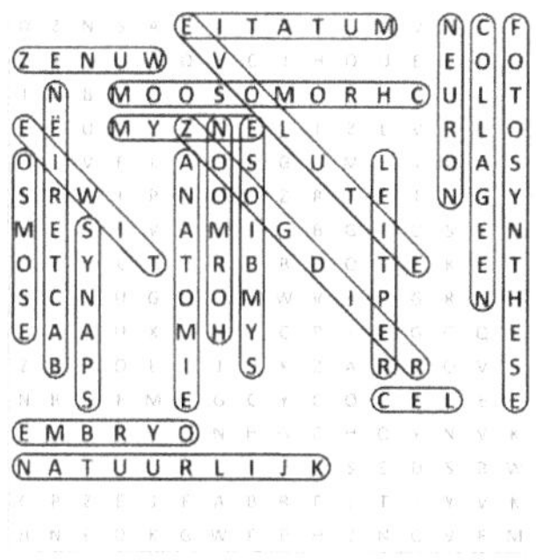

76 - Professions #2

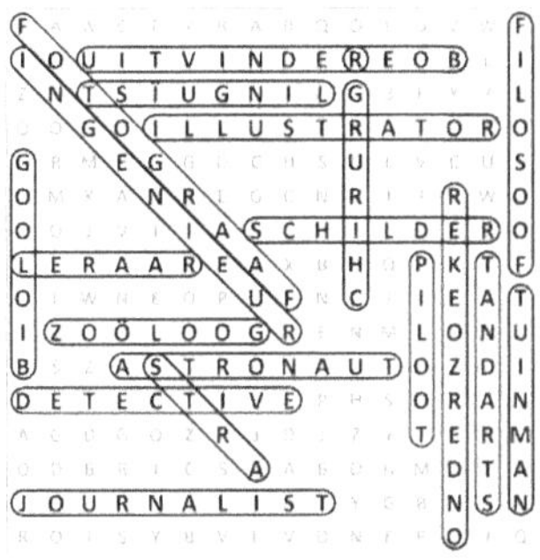

77 - Mythology

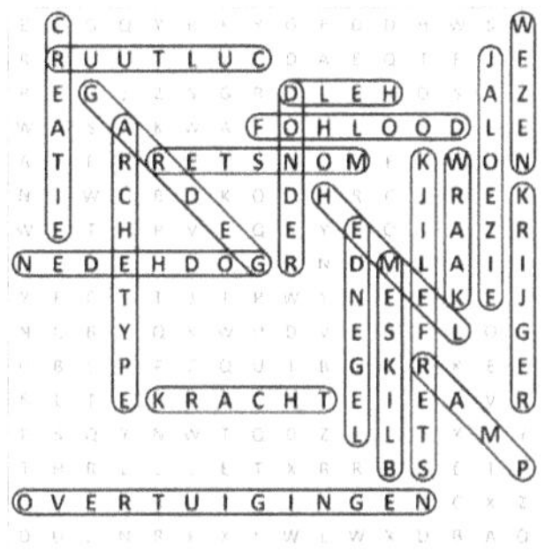

78 - Agronomy

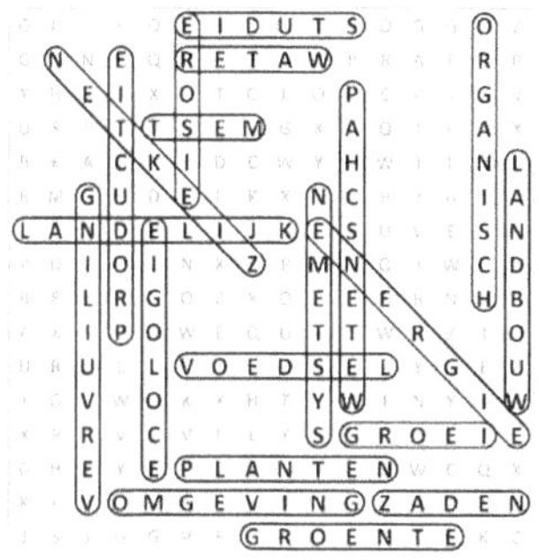

79 - Hair Types

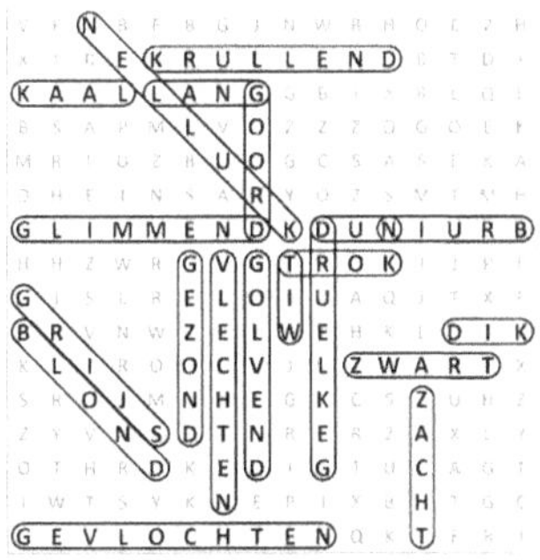

80 - Garden

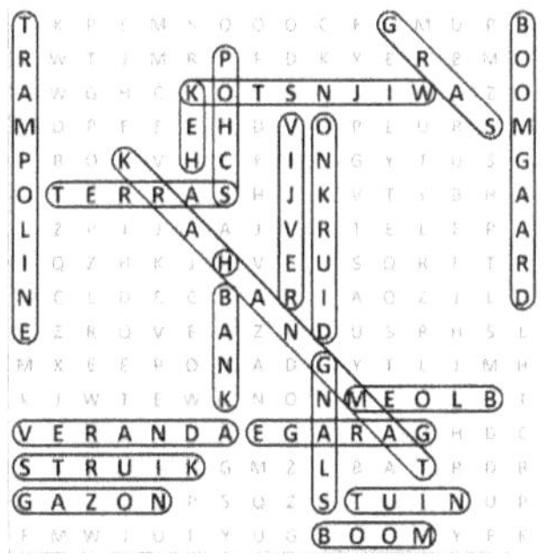

81 - Diplomacy

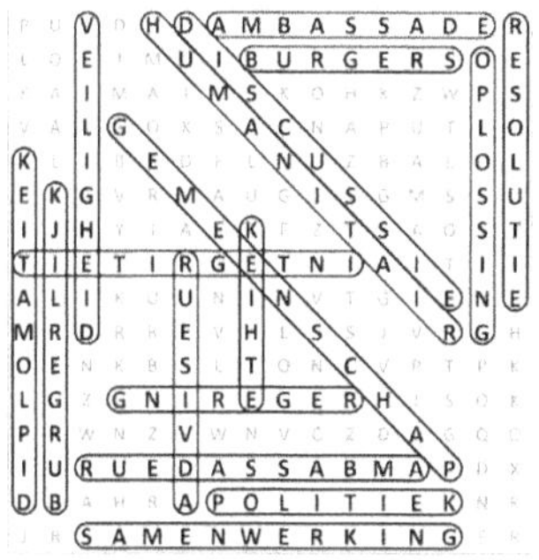

82 - Countries #1

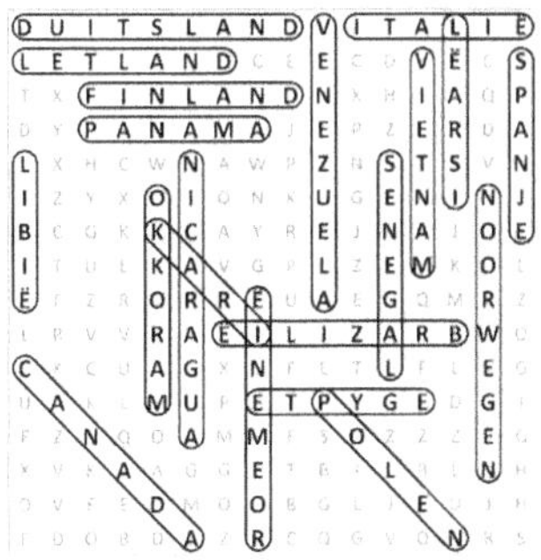

83 - Adjectives #1

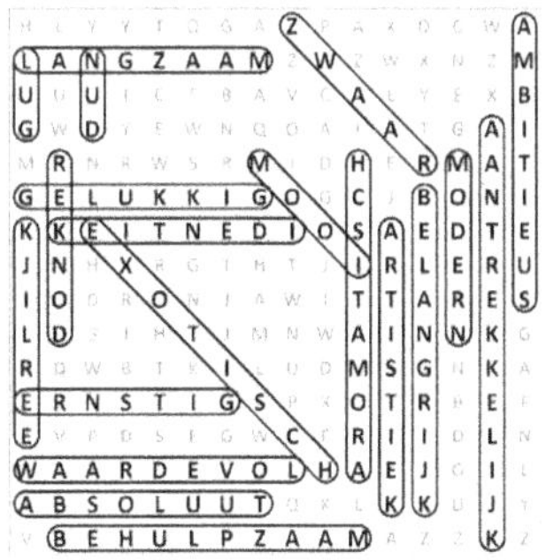

84 - Rainforest

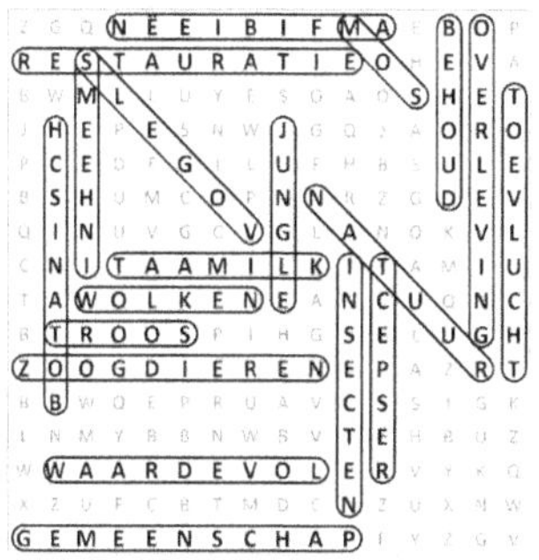

85 - Global Warming

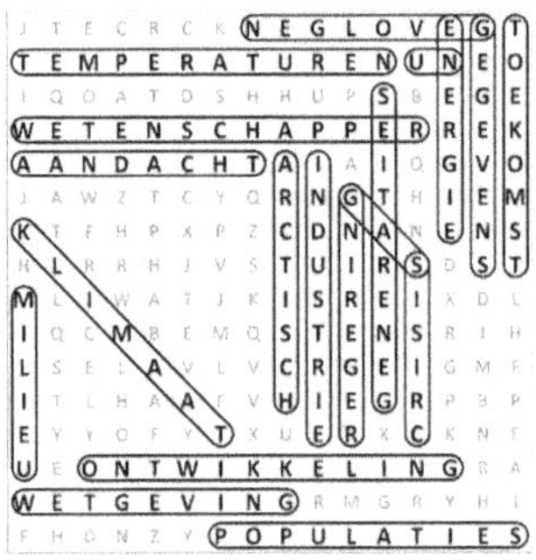

86 - Landscapes

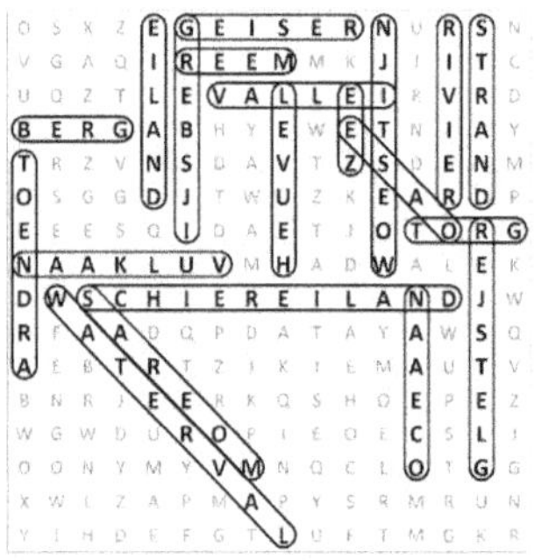

87 - Visual Arts

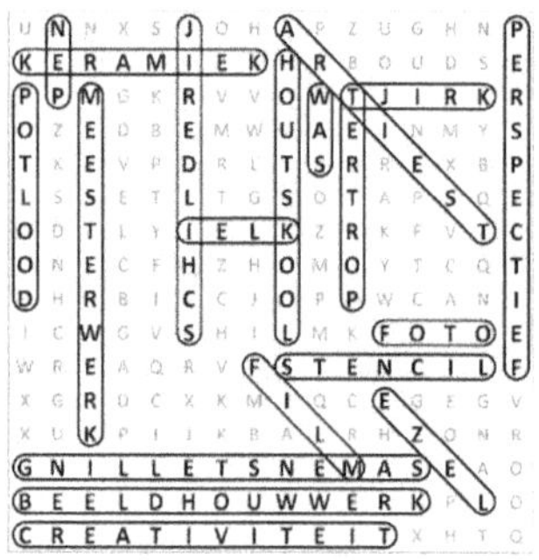

88 - Plants

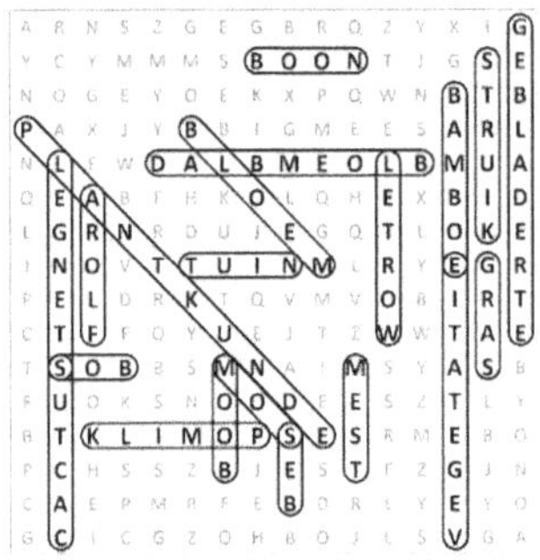

89 - Countries #2

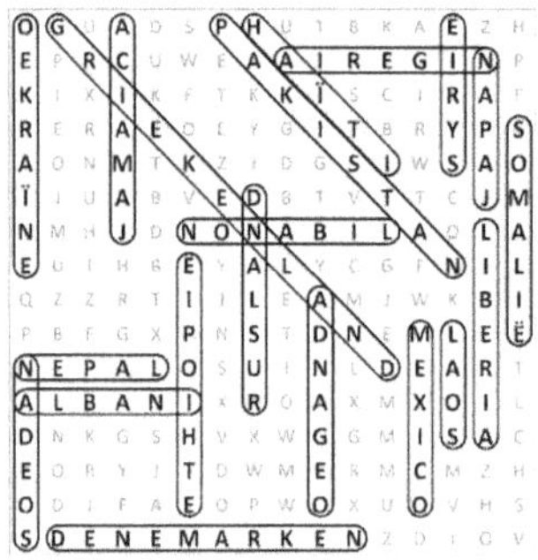

90 - Adjectives #2

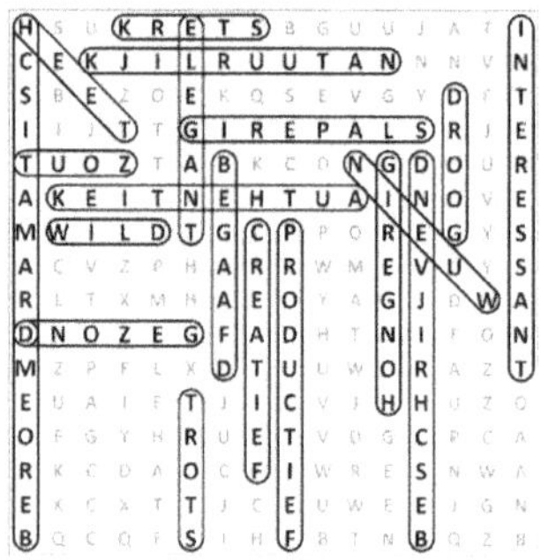

91 - Psychology

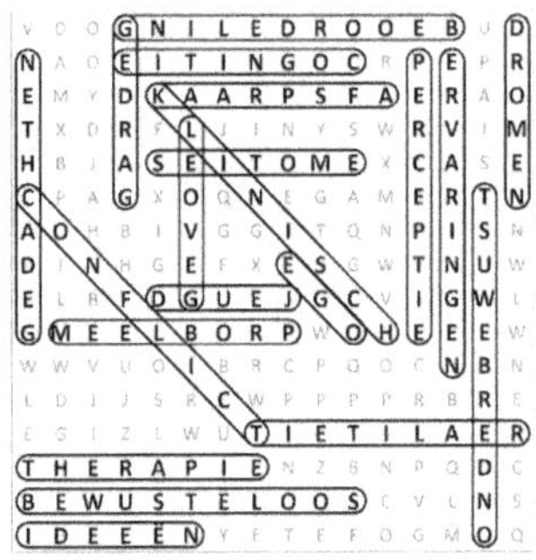

92 - Math

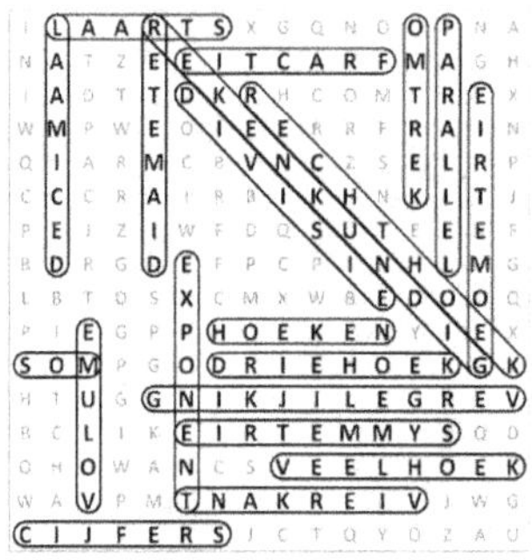

93 - Activities

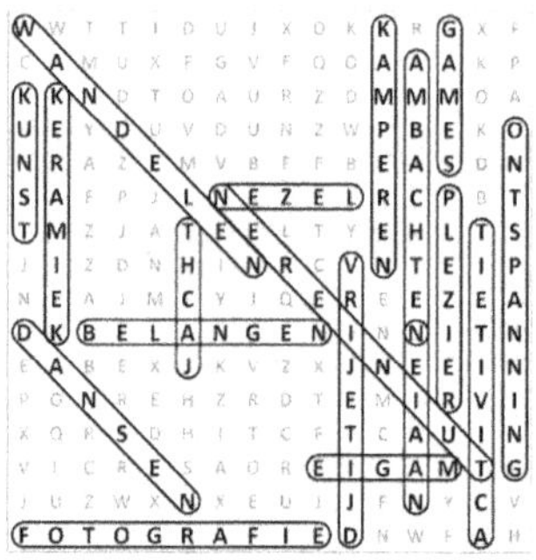

94 - Business

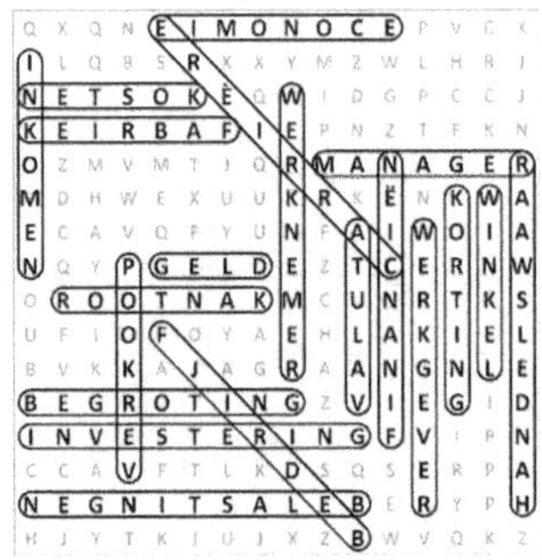

95 - The Company

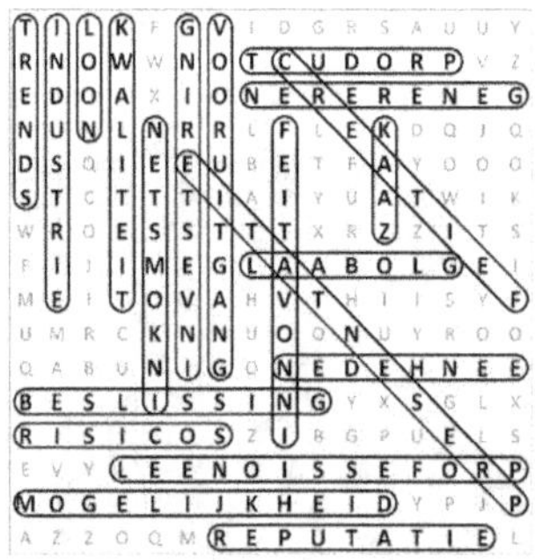

96 - Literature

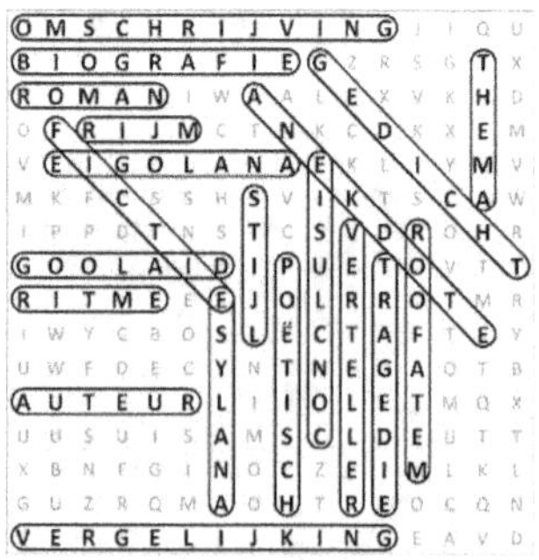

97 - Geography

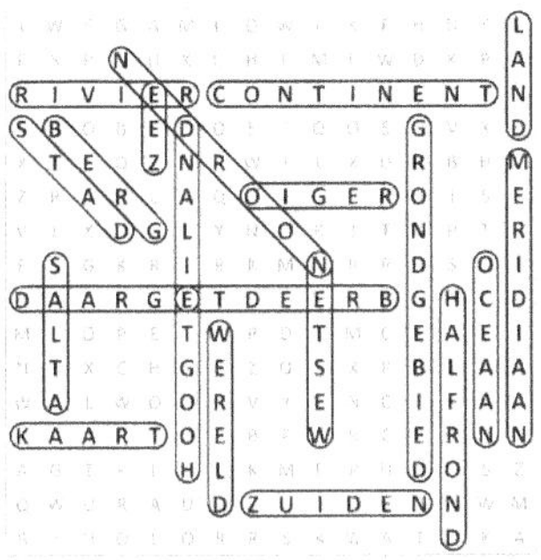

98 - Jazz

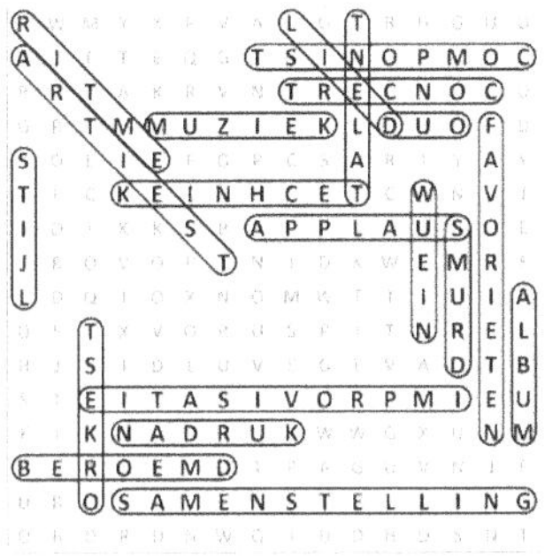

99 - Nature

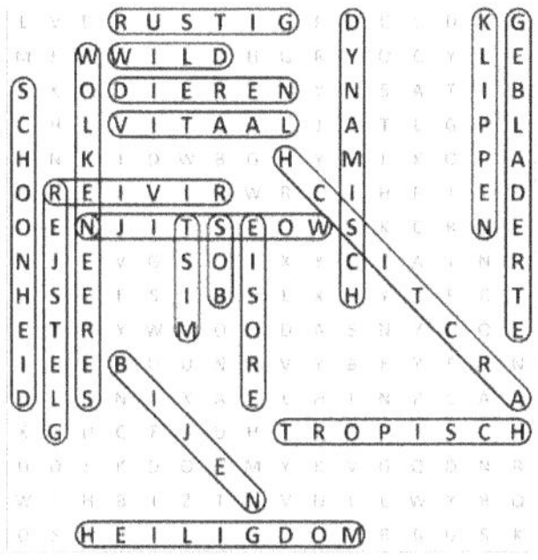

100 - Vacation #2

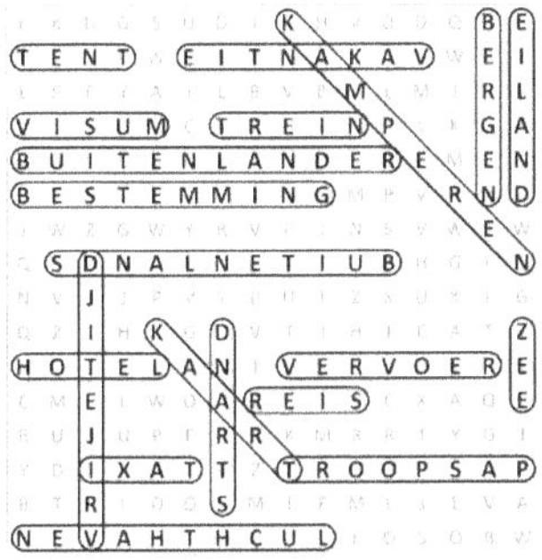

Dictionary

Activities
Activiteiten

Activity	Activiteit
Art	Kunst
Camping	Kamperen
Ceramics	Keramiek
Crafts	Ambachten
Dancing	Dansen
Fishing	Hengelsport
Games	Games
Gardening	Tuinieren
Hiking	Wandelen
Hunting	Jacht
Interests	Belangen
Leisure	Vrije Tijd
Magic	Magie
Photography	Fotografie
Pleasure	Plezier
Reading	Lezen
Relaxation	Ontspanning
Sewing	Naaien
Skill	Vaardigheid

Activities and Leisure
Activiteiten en Vrije Ti

Art	Kunst
Baseball	Honkbal
Basketball	Basketbal
Boxing	Boksen
Camping	Kamperen
Diving	Duiken
Fishing	Hengelsport
Gardening	Tuinieren
Golf	Golf
Hiking	Wandelen
Hobbies	Hobby
Painting	Schilderij
Racing	Racen
Relaxing	Ontspannen
Soccer	Voetbal
Surfing	Surfen
Swimming	Zwemmen
Tennis	Tennis
Travel	Reis
Volleyball	Volleybal

Adjectives #1
Bijvoeglijke Naamwoorden

Absolute	Absoluut
Ambitious	Ambitieus
Aromatic	Aromatisch
Artistic	Artistiek
Attractive	Aantrekkelijk
Beautiful	Mooi
Dark	Donker
Exotic	Exotisch
Generous	Gul
Happy	Gelukkig
Heavy	Zwaar
Helpful	Behulpzaam
Honest	Eerlijk
Identical	Identiek
Important	Belangrijk
Modern	Modern
Serious	Ernstig
Slow	Langzaam
Thin	Dun
Valuable	Waardevol

Adjectives #2
Bijvoeglijke Naamwoorden

Authentic	Authentiek
Creative	Creatief
Descriptive	Beschrijvend
Dramatic	Dramatisch
Dry	Droog
Elegant	Elegant
Famous	Beroemd
Gifted	Begaafd
Healthy	Gezond
Hot	Heet
Hungry	Hongerig
Interesting	Interessant
Natural	Natuurlijk
New	Nieuw
Productive	Productief
Proud	Trots
Salty	Zout
Sleepy	Slaperig
Strong	Sterk
Wild	Wild

Adventure
Avontuur

Activity	Activiteit
Beauty	Schoonheid
Bravery	Moed
Challenges	Uitdagingen
Chance	Kans
Dangerous	Gevaarlijk
Destination	Bestemming
Difficulty	Moeilijkheid
Enthusiasm	Enthousiasme
Excursion	Excursie
Friends	Vrienden
Itinerary	Reisplan
Joy	Vreugde
Nature	Natuur
Navigation	Navigatie
New	Nieuw
Preparation	Voorbereiding
Safety	Veiligheid
Surprising	Verrassend
Unusual	Ongewoon

Agronomy
Agronomie

Agriculture	Landbouw
Diseases	Ziekten
Ecology	Ecologie
Energy	Energie
Environment	Omgeving
Erosion	Erosie
Fertilizer	Mest
Food	Voedsel
Growth	Groei
Organic	Organisch
Plants	Planten
Pollution	Vervuiling
Production	Productie
Rural	Landelijk
Science	Wetenschap
Seeds	Zaden
Study	Studie
Systems	Systemen
Vegetables	Groente
Water	Water

Airplanes
Vliegtuigen

Adventure	Avontuur
Air	Lucht
Atmosphere	Atmosfeer
Balloon	Ballon
Construction	Bouw
Crew	Bemanning
Descent	Afdaling
Design	Ontwerp
Direction	Richting
Engine	Motor
Fuel	Brandstof
Height	Hoogte
History	Geschiedenis
Hydrogen	Waterstof
Landing	Landen
Passenger	Passagier
Pilot	Piloot
Propellers	Propellers
Sky	Hemel
Turbulence	Turbulentie

Algebra
Algebra

Diagram	Diagram
Division	Divisie
Equation	Vergelijking
Exponent	Exponent
Factor	Factor
False	Vals
Formula	Formule
Fraction	Fractie
Graph	Grafiek
Infinite	Oneindig
Linear	Lineair
Matrix	Matrix
Number	Nummer
Parenthesis	Haakje
Problem	Probleem
Quantity	Hoeveelheid
Solution	Oplossing
Subtraction	Aftrekken
Variable	Variabele
Zero	Nul

Antarctica
Antarctica

Bay	Baai
Birds	Vogels
Clouds	Wolken
Conservation	Behoud
Continent	Continent
Cove	Inham
Environment	Omgeving
Expedition	Expeditie
Geography	Geografie
Glaciers	Gletsjers
Ice	Ijs
Islands	Eilanden
Migration	Migratie
Minerals	Mineralen
Peninsula	Schiereiland
Researcher	Onderzoeker
Rocky	Rotsachtig
Temperature	Temperatuur
Topography	Topografie
Water	Water

Antiques
Antiek

Art	Kunst
Auction	Veiling
Authentic	Authentiek
Century	Eeuw
Coins	Munten
Collector	Verzamelaar
Decorative	Decoratief
Elegant	Elegant
Furniture	Meubilair
Gallery	Galerij
Investment	Investering
Jewelry	Sieraden
Old	Oud
Price	Prijs
Quality	Kwaliteit
Restoration	Restauratie
Sculpture	Beeldhouwwerk
Style	Stijl
Unusual	Ongewoon
Value	Waarde

Archeology
Archeologie

Analysis	Analyse
Ancient	Oud
Antiquity	Oudheid
Bones	Botten
Civilization	Beschaving
Descendant	Nakomeling
Era	Tijdperk
Evaluation	Evaluatie
Expert	Deskundige
Findings	Bevindingen
Forgotten	Vergeten
Fossil	Fossiel
Mystery	Mysterie
Objects	Objecten
Relic	Relikwie
Researcher	Onderzoeker
Team	Team
Temple	Tempel
Tomb	Graf
Unknown	Onbekend

Art
Kunst

Ceramic	Keramisch
Complex	Complex
Composition	Samenstelling
Create	Creëren
Expression	Uitdrukking
Figure	Figuur
Honest	Eerlijk
Inspired	Geïnspireerd
Mood	Humeur
Original	Origineel
Paintings	Schilderijen
Personal	Persoonlijk
Poetry	Poëzie
Portray	Portretteren
Sculpture	Beeldhouwwerk
Simple	Eenvoudig
Subject	Onderwerp
Surrealism	Surrealisme
Symbol	Symbool
Visual	Visueel

Art Supplies
Kunstbenodigdheden

Acrylic	Acryl
Brushes	Borstels
Camera	Camera
Chair	Stoel
Charcoal	Houtskool
Clay	Klei
Colors	Kleuren
Creativity	Creativiteit
Easel	Ezel
Eraser	Gom
Glue	Lijm
Ideas	Ideeën
Ink	Inkt
Oil	Olie
Paints	Verf
Paper	Papier
Pencils	Potloden
Table	Tafel
Water	Water
Watercolors	Aquarellen

Astronomy
Astronomie

Asteroid	Asteroïde
Astronaut	Astronaut
Astronomer	Astronoom
Constellation	Sterrenbeeld
Cosmos	Kosmos
Earth	Aarde
Eclipse	Verduistering
Equinox	Equinox
Meteor	Meteoor
Moon	Maan
Nebula	Nevel
Observatory	Observatorium
Planet	Planeet
Radiation	Straling
Rocket	Raket
Satellite	Satelliet
Sky	Hemel
Solar	Zonne
Supernova	Supernova
Zodiac	Dierenriem

Ballet
Ballet

Applause	Applaus
Artistic	Artistiek
Audience	Publiek
Ballerina	Ballerina
Choreography	Choreografie
Composer	Componist
Dancers	Dansers
Expressive	Expressief
Gesture	Gebaar
Graceful	Sierlijk
Intensity	Intensiteit
Lessons	Lessen
Muscles	Spieren
Music	Muziek
Orchestra	Orkest
Practice	Praktijk
Rhythm	Ritme
Skill	Vaardigheid
Style	Stijl
Technique	Techniek

Barbecues
Barbecues

Chicken	Kip
Children	Kinderen
Dinner	Diner
Family	Familie
Food	Voedsel
Forks	Vorken
Friends	Vrienden
Fruit	Fruit
Games	Games
Grill	Grill
Hot	Heet
Hunger	Honger
Knives	Messen
Music	Muziek
Salads	Salades
Salt	Zout
Sauce	Saus
Summer	Zomer
Tomatoes	Tomaten
Vegetables	Groente

Beauty
Schoonheid

Charm	Charme
Color	Kleur
Cosmetics	Cosmetica
Curls	Krullen
Elegance	Elegantie
Elegant	Elegant
Fragrance	Geur
Grace	Genade
Lipstick	Lippenstift
Makeup	Verzinnen
Mascara	Mascara
Mirror	Spiegel
Oils	Oliën
Photogenic	Fotogeniek
Products	Producten
Scissors	Schaar
Services	Diensten
Shampoo	Shampoo
Skin	Huid
Stylist	Stilist

Bees
Bijen

Beneficial	Voordelig
Blossom	Bloesem
Diversity	Diversiteit
Ecosystem	Ecosysteem
Flowers	Bloemen
Food	Voedsel
Fruit	Fruit
Garden	Tuin
Habitat	Habitat
Hive	Bijenkorf
Honey	Honing
Insect	Insect
Plants	Planten
Pollen	Stuifmeel
Pollinator	Bestuiver
Queen	Koningin
Smoke	Rook
Sun	Zon
Swarm	Zwerm
Wax	Was

Biology
Biologie

Anatomy	Anatomie
Bacteria	Bacteriën
Cell	Cel
Chromosome	Chromosoom
Collagen	Collageen
Embryo	Embryo
Enzyme	Enzym
Evolution	Evolutie
Hormone	Hormoon
Mammal	Zoogdier
Mutation	Mutatie
Natural	Natuurlijk
Nerve	Zenuw
Neuron	Neuron
Osmosis	Osmose
Photosynthesis	Fotosynthese
Protein	Eiwit
Reptile	Reptiel
Symbiosis	Symbiose
Synapse	Synaps

Birds
Vogels

Canary	Kanarie
Chicken	Kip
Crow	Kraai
Cuckoo	Koekoek
Duck	Eend
Eagle	Adelaar
Egg	Ei
Flamingo	Flamingo
Goose	Gans
Gull	Meeuw
Heron	Reiger
Ostrich	Struisvogel
Parrot	Papegaai
Peacock	Pauw
Pelican	Pelikaan
Penguin	Pinguïn
Sparrow	Mus
Stork	Ooievaar
Swan	Zwaan
Toucan	Toekan

Boats
Boten

Anchor	Anker
Buoy	Boei
Canoe	Kano
Crew	Bemanning
Dock	Dok
Engine	Motor
Ferry	Veerboot
Kayak	Kajak
Lake	Meer
Lifeboat	Reddingsboot
Mast	Mast
Nautical	Nautisch
Ocean	Oceaan
Raft	Vlot
River	Rivier
Rope	Touw
Sailboat	Zeilboot
Sailor	Matroos
Sea	Zee
Yacht	Jacht

Books
Boeken

Adventure	Avontuur
Author	Auteur
Collection	Collectie
Context	Context
Duality	Dualiteit
Epic	Episch
Historical	Historisch
Humorous	Humoristisch
Inventive	Inventief
Literary	Literair
Narrator	Verteller
Novel	Roman
Page	Bladzijde
Poem	Gedicht
Poetry	Poëzie
Reader	Lezer
Relevant	Relevant
Story	Verhaal
Tragic	Tragisch
Written	Geschreven

Buildings
Gebouwen

Apartment	Appartement
Barn	Schuur
Cabin	Cabine
Castle	Kasteel
Cinema	Bioscoop
Embassy	Ambassade
Factory	Fabriek
Hospital	Ziekenhuis
Hostel	Herberg
Hotel	Hotel
Laboratory	Laboratorium
Museum	Museum
Observatory	Observatorium
School	School
Stadium	Stadion
Supermarket	Supermarkt
Tent	Tent
Theater	Theater
Tower	Toren
University	Universiteit

Business
Zakelijk

Budget	Begroting
Career	Carrière
Company	Bedrijf
Cost	Kosten
Currency	Valuta
Discount	Korting
Economics	Economie
Employee	Werknemer
Employer	Werkgever
Factory	Fabriek
Finance	Financiën
Income	Inkomen
Investment	Investering
Manager	Manager
Merchandise	Handelswaar
Money	Geld
Office	Kantoor
Sale	Verkoop
Shop	Winkel
Taxes	Belastingen

Camping
Camping

Adventure	Avontuur
Animals	Dieren
Cabin	Cabine
Canoe	Kano
Compass	Kompas
Fire	Brand
Forest	Bos
Fun	Plezier
Hammock	Hangmat
Hat	Hoed
Hunting	Jacht
Insect	Insect
Lake	Meer
Map	Kaart
Moon	Maan
Mountain	Berg
Nature	Natuur
Rope	Touw
Tent	Tent
Trees	Bomen

Chemistry
Chemie

Acid	Zuur
Alkaline	Alkalisch
Atomic	Atoom
Carbon	Koolstof
Catalyst	Katalysator
Chlorine	Chloor
Electron	Elektron
Enzyme	Enzym
Gas	Gas
Heat	Warmte
Hydrogen	Waterstof
Ion	Ion
Liquid	Vloeistof
Molecule	Molecuul
Nuclear	Nucleair
Organic	Organisch
Oxygen	Zuurstof
Salt	Zout
Temperature	Temperatuur
Weight	Gewicht

Chess
Schaken

Black	Zwart
Challenges	Uitdagingen
Champion	Kampioen
Clever	Slim
Contest	Wedstrijd
Diagonal	Diagonaal
Game	Spel
King	Koning
Opponent	Tegenstander
Passive	Passief
Player	Speler
Points	Punten
Queen	Koningin
Rules	Reglement
Sacrifice	Offer
Strategy	Strategie
Time	Tijd
To Learn	Leren
Tournament	Toernooi
White	Wit

Chocolate
Chocolade

Antioxidant	Antioxidant
Aroma	Aroma
Artisanal	Artisanaal
Bitter	Bitter
Cacao	Cacao
Calories	Calorieën
Candy	Snoep
Caramel	Karamel
Coconut	Kokosnoot
Delicious	Heerlijk
Exotic	Exotisch
Favorite	Favoriet
Ingredient	Ingrediënt
Peanuts	Pinda'S
Quality	Kwaliteit
Recipe	Recept
Sugar	Suiker
Sweet	Zoet
Taste	Smaak
To Eat	Eten

Clothes
Kleding

Apron	Schort
Belt	Riem
Blouse	Blouse
Bracelet	Armband
Coat	Jas
Dress	Jurk
Fashion	Mode
Gloves	Handschoenen
Hat	Hoed
Jacket	Jasje
Jeans	Jeans
Jewelry	Sieraden
Pajamas	Pyjama
Pants	Broek
Sandals	Sandalen
Scarf	Sjaal
Shirt	Shirt
Shoe	Schoen
Skirt	Rok
Sweater	Trui

Coffee
Koffie

Acidic	Zuur
Aroma	Aroma
Beverage	Drank
Bitter	Bitter
Black	Zwart
Caffeine	Cafeïne
Cream	Room
Cup	Beker
Filter	Filter
Flavor	Smaak
Grind	Malen
Liquid	Vloeistof
Milk	Melk
Morning	Ochtend
Origin	Oorsprong
Price	Prijs
Roasted	Geroosterd
Sugar	Suiker
To Drink	Drinken
Water	Water

Conservation

Behoud

Changes	Veranderingen
Chemicals	Chemicaliën
Climate	Klimaat
Concern	Zorg
Cycle	Fiets
Ecosystem	Ecosysteem
Education	Onderwijs
Environmental	Milieu
Green	Groen
Habitat	Habitat
Health	Gezondheid
Natural	Natuurlijk
Organic	Organisch
Pesticide	Pesticide
Pollution	Vervuiling
Recycle	Recycleren
Reduce	Verminderen
Sustainable	Duurzaam
Volunteer	Vrijwilliger
Water	Water

Countries #1

Landen #1

Brazil	Brazilië
Canada	Canada
Egypt	Egypte
Finland	Finland
Germany	Duitsland
Iraq	Irak
Israel	Israël
Italy	Italië
Latvia	Letland
Libya	Libië
Morocco	Marokko
Nicaragua	Nicaragua
Norway	Noorwegen
Panama	Panama
Poland	Polen
Romania	Roemenië
Senegal	Senegal
Spain	Spanje
Venezuela	Venezuela
Vietnam	Vietnam

Countries #2

Landen #2

Albania	Albani
Denmark	Denemarken
Ethiopia	Ethiopië
Greece	Griekenland
Haiti	Haïti
Jamaica	Jamaica
Japan	Japan
Laos	Laos
Lebanon	Libanon
Liberia	Liberia
Mexico	Mexico
Nepal	Nepal
Nigeria	Nigeria
Pakistan	Pakistan
Russia	Rusland
Somalia	Somalië
Sudan	Soedan
Syria	Syrië
Uganda	Oeganda
Ukraine	Oekraïne

Creativity

Creativiteit

Artistic	Artistiek
Authenticity	Echtheid
Clarity	Helderheid
Dramatic	Dramatisch
Emotions	Emoties
Expression	Uitdrukking
Fluidity	Vloeibaarheid
Ideas	Ideeën
Image	Beeld
Imagination	Verbeelding
Impression	Indruk
Inspiration	Inspiratie
Intensity	Intensiteit
Intuition	Intuïtie
Inventive	Inventief
Sensation	Gevoel
Skill	Vaardigheid
Spontaneous	Spontaan
Visions	Visioenen
Vitality	Vitaliteit

Dance

Dans

Academy	Academie
Art	Kunst
Body	Lichaam
Choreography	Choreografie
Classical	Klassiek
Cultural	Cultureel
Culture	Cultuur
Emotion	Emotie
Expressive	Expressief
Grace	Genade
Joyful	Blij
Jump	Springen
Movement	Beweging
Music	Muziek
Partner	Partner
Posture	Houding
Rehearsal	Repetitie
Rhythm	Ritme
Traditional	Traditioneel
Visual	Visueel

Days and Months

Dagen en Maanden

April	April
August	Augustus
Calendar	Kalender
February	Februari
Friday	Vrijdag
January	Januari
July	Juli
March	Maart
Monday	Maandag
Month	Maand
November	November
October	Oktober
Saturday	Zaterdag
September	September
Sunday	Zondag
Thursday	Donderdag
Tuesday	Dinsdag
Wednesday	Woensdag
Week	Week
Year	Jaar

Diplomacy
Diplomatie

Adviser	Adviseur
Ambassador	Ambassadeur
Citizens	Burgers
Civic	Burgerlijk
Community	Gemeenschap
Conflict	Conflict
Cooperation	Samenwerking
Diplomatic	Diplomatiek
Discussion	Discussie
Embassy	Ambassade
Ethics	Ethiek
Government	Regering
Humanitarian	Humanitair
Integrity	Integriteit
Justice	Gerechtigheid
Politics	Politiek
Resolution	Resolutie
Security	Veiligheid
Solution	Oplossing
Treaty	Verdrag

Disease
Ziekte

Abdominal	Buik
Acute	Acuut
Allergies	Allergieën
Bacterial	Bacterieel
Body	Lichaam
Bones	Botten
Chronic	Chronisch
Contagious	Besmettelijk
Genetic	Genetisch
Health	Gezondheid
Heart	Hart
Hereditary	Erfelijk
Immunity	Immuniteit
Inflammation	Ontsteking
Lumbar	Lenden-
Neuropathy	Neuropathie
Respiratory	Ademhaling
Syndrome	Syndroom
Therapy	Therapie
Weak	Zwak

Driving
Rijden

Accident	Ongeluk
Brakes	Remmen
Car	Auto
Danger	Gevaar
Driver	Chauffeur
Fuel	Brandstof
Garage	Garage
Gas	Gas
License	Licentie
Map	Kaart
Motor	Motor
Motorcycle	Motorfiets
Pedestrian	Voetganger
Police	Politie
Road	Weg
Safety	Veiligheid
Speed	Snelheid
Traffic	Verkeer
Truck	Vrachtauto
Tunnel	Tunnel

Energy
Energie

Battery	Accu
Carbon	Koolstof
Diesel	Diesel
Electric	Elektrisch
Electron	Elektron
Entropy	Entropie
Environment	Omgeving
Fuel	Brandstof
Gasoline	Benzine
Heat	Warmte
Hydrogen	Waterstof
Industry	Industrie
Motor	Motor
Nuclear	Nucleair
Photon	Foton
Pollution	Vervuiling
Renewable	Hernieuwbaar
Steam	Stoom
Turbine	Turbine
Wind	Wind

Engineering
Engineering

Angle	Hoek
Axis	As
Calculation	Berekening
Construction	Bouw
Depth	Diepte
Diagram	Diagram
Diameter	Diameter
Diesel	Diesel
Distribution	Distributie
Energy	Energie
Gears	Versnellingen
Levers	Hefbomen
Liquid	Vloeistof
Machine	Machine
Measurement	Meting
Motor	Motor
Propulsion	Voortstuwing
Stability	Stabiliteit
Strength	Kracht
Structure	Structuur

Family
Familie

Ancestor	Voorouder
Aunt	Tante
Brother	Broer
Child	Kind
Childhood	Jeugd
Children	Kinderen
Daughter	Dochter
Father	Vader
Grandchild	Kleinkind
Grandfather	Opa
Grandmother	Grootmoeder
Grandson	Kleinzoon
Husband	Man
Mother	Moeder
Nephew	Neef
Niece	Nicht
Paternal	Vaderlijk
Sister	Zus
Uncle	Oom
Wife	Vrouw

Farm #1
Boerderij #1

Agriculture Landbouw
Bee Bij
Bison Bizon
Calf Kalf
Cat Kat
Chicken Kip
Cow Koe
Crow Kraai
Dog Hond
Donkey Ezel
Fence Hek
Fertilizer Mest
Field Veld
Goat Geit
Hay Hooi
Honey Honing
Horse Paard
Rice Rijst
Seeds Zaden
Water Water

Farm #2
Boerderij #2

Animals Dieren
Barley Gerst
Barn Schuur
Corn Maïs
Duck Eend
Farmer Boer
Food Voedsel
Fruit Fruit
Irrigation Irrigatie
Lamb Lam
Llama Lama
Meadow Weide
Milk Melk
Orchard Boomgaard
Sheep Schaap
Shepherd Herder
Tractor Tractor
Vegetable Groente
Wheat Tarwe
Windmill Windmolen

Fashion
Mode

Affordable Betaalbaar
Boutique Winkel
Buttons Knop
Clothing Kleding
Comfortable Comfortabel
Elegant Elegant
Embroidery Borduurwerk
Expensive Duur
Fabric Stof
Lace Kant
Measurements Afmetingen
Modern Modern
Modest Bescheiden
Original Origineel
Pattern Patroon
Practical Praktisch
Simple Eenvoudig
Style Stijl
Texture Textuur
Trend Trend

Flowers
Bloemen

Bouquet Boeket
Clover Klaver
Daffodil Narcis
Daisy Madeliefje
Dandelion Paardebloem
Gardenia Gardenia
Hibiscus Hibiscus
Jasmine Jasmijn
Lavender Lavendel
Lilac Lila
Lily Lelie
Magnolia Magnolia
Orchid Orchidee
Passionflower Passiebloem
Peony Pioenroos
Petal Bloemblad
Plumeria Plumeria
Poppy Papaver
Sunflower Zonnebloem
Tulip Tulp

Food #1
Eten #1

Apricot Abrikoos
Barley Gerst
Basil Basilicum
Carrot Wortel
Cinnamon Kaneel
Garlic Knoflook
Juice Sap
Lemon Citroen
Milk Melk
Onion Ui
Peanut Pinda
Pear Peer
Salad Salade
Salt Zout
Soup Soep
Spinach Spinazie
Strawberry Aardbei
Sugar Suiker
Tuna Tonijn
Turnip Raap

Food #2
Eten #2

Apple Appel
Artichoke Artisjok
Banana Banaan
Broccoli Broccoli
Celery Selderij
Cheese Kaas
Cherry Kers
Chicken Kip
Chocolate Chocolade
Egg Ei
Eggplant Aubergine
Fish Vis
Grape Druif
Ham Ham
Kiwi Kiwi
Mushroom Paddestoel
Rice Rijst
Tomato Tomaat
Wheat Tarwe
Yogurt Yoghurt

Force and Gravity
Kracht en Zwaartekracht

Axis	As
Center	Centrum
Discovery	Ontdekking
Distance	Afstand
Dynamic	Dynamisch
Expansion	Uitbreiding
Friction	Wrijving
Impact	Impact
Magnetism	Magnetisme
Mechanics	Mechanica
Orbit	Baan
Physics	Natuurkunde
Pressure	Druk
Properties	Eigendommen
Speed	Snelheid
Time	Tijd
To Accelerate	Versnellen
To Generate	Genereren
Universal	Universeel
Weight	Gewicht

Fruit
Fruit

Apple	Appel
Apricot	Abrikoos
Avocado	Avocado
Banana	Banaan
Berry	Bes
Cherry	Kers
Coconut	Kokosnoot
Fig	Vijg
Grape	Druif
Guava	Guave
Kiwi	Kiwi
Lemon	Citroen
Mango	Mango
Melon	Meloen
Nectarine	Nectarine
Papaya	Papaja
Peach	Perzik
Pear	Peer
Pineapple	Ananas
Raspberry	Framboos

Garden
Tuin

Bench	Bank
Bush	Struik
Fence	Hek
Flower	Bloem
Garage	Garage
Garden	Tuin
Grass	Gras
Hammock	Hangmat
Hose	Slang
Lawn	Gazon
Orchard	Boomgaard
Pond	Vijver
Porch	Veranda
Rake	Hark
Shovel	Schop
Terrace	Terras
Trampoline	Trampoline
Tree	Boom
Vine	Wijnstok
Weeds	Onkruid

Geography
Geografie

Altitude	Hoogte
Atlas	Atlas
City	Stad
Continent	Continent
Country	Land
Hemisphere	Halfrond
Island	Eiland
Latitude	Breedtegraad
Map	Kaart
Meridian	Meridiaan
Mountain	Berg
North	Noorden
Ocean	Oceaan
Region	Regio
River	Rivier
Sea	Zee
South	Zuiden
Territory	Grondgebied
West	Westen
World	Wereld

Geology
Geologie

Acid	Zuur
Calcium	Calcium
Cavern	Grot
Continent	Continent
Coral	Koraal
Crystals	Kristallen
Cycles	Cycli
Earthquake	Aardbeving
Erosion	Erosie
Fossil	Fossiel
Geyser	Geiser
Lava	Lava
Layer	Laag
Minerals	Mineralen
Plateau	Plateau
Quartz	Kwarts
Salt	Zout
Stalactite	Stalactiet
Stone	Steen
Volcano	Vulkaan

Geometry
Geometrie

Angle	Hoek
Calculation	Berekening
Circle	Cirkel
Curve	Curve
Diameter	Diameter
Dimension	Dimensie
Equation	Vergelijking
Height	Hoogte
Horizontal	Horizontaal
Logic	Logica
Mass	Massa
Median	Mediaan
Number	Nummer
Parallel	Parallel
Proportion	Proportie
Segment	Segment
Surface	Oppervlak
Symmetry	Symmetrie
Theory	Theorie
Triangle	Driehoek

Global Warming

Opwarming van de Aarde

Arctic	Arctisch
Attention	Aandacht
Changes	Veranderingen
Climate	Klimaat
Consequences	Gevolgen
Crisis	Crisis
Data	Gegevens
Development	Ontwikkeling
Energy	Energie
Environmental	Milieu
Future	Toekomst
Gas	Gas
Generations	Generaties
Government	Regering
Industry	Industrie
Legislation	Wetgeving
Now	Nu
Populations	Populaties
Scientist	Wetenschapper
Temperatures	Temperaturen

Government

Overheid

Citizenship	Burgerschap
Civil	Civiel
Constitution	Grondwet
Democracy	Democratie
Discussion	Discussie
District	Wijk
Equality	Gelijkheid
Judicial	Gerechtelijk
Justice	Gerechtigheid
Law	Wet
Leader	Leider
Liberty	Vrijheid
Monument	Monument
Nation	Natie
National	Nationaal
Peaceful	Rustig
Politics	Politiek
Speech	Toespraak
State	Staat
Symbol	Symbool

Hair Types

Haartypes

Bald	Kaal
Black	Zwart
Blond	Blond
Braided	Gevlochten
Braids	Vlechten
Brown	Bruin
Colored	Gekleurd
Curls	Krullen
Curly	Krullend
Dry	Droog
Gray	Grijs
Healthy	Gezond
Long	Lang
Shiny	Glimmend
Short	Kort
Soft	Zacht
Thick	Dik
Thin	Dun
Wavy	Golvend
White	Wit

Health and Wellness #1

Gezondheid en Welzijn #1

Active	Actief
Bacteria	Bacteriën
Bones	Botten
Clinic	Kliniek
Doctor	Dokter
Fracture	Breuk
Habit	Gewoonte
Height	Hoogte
Hormones	Hormonen
Hunger	Honger
Muscles	Spieren
Nerves	Zenuwen
Pharmacy	Apotheek
Reflex	Reflex
Relaxation	Ontspanning
Skin	Huid
Therapy	Therapie
To Breathe	Ademen
Treatment	Behandeling
Virus	Virus

Health and Wellness #2

Gezondheid en Welzijn #2

Allergy	Allergie
Anatomy	Anatomie
Appetite	Eetlust
Blood	Bloed
Calorie	Calorie
Dehydration	Dehydratie
Diet	Dieet
Disease	Ziekte
Energy	Energie
Genetics	Genetica
Healthy	Gezond
Hospital	Ziekenhuis
Hygiene	Hygiëne
Infection	Infectie
Massage	Massage
Nutrition	Voeding
Recovery	Herstel
Stress	Stress
Vitamin	Vitamine
Weight	Gewicht

Herbalism

Herbalisme

Aromatic	Aromatisch
Basil	Basilicum
Beneficial	Voordelig
Culinary	Culinair
Fennel	Venkel
Flavor	Smaak
Flower	Bloem
Garden	Tuin
Garlic	Knoflook
Green	Groen
Ingredient	Ingrediënt
Lavender	Lavendel
Marjoram	Marjolein
Mint	Munt
Oregano	Oregano
Parsley	Peterselie
Plant	Plant
Rosemary	Rozemarijn
Saffron	Saffraan
Tarragon	Dragon

Hiking
Wandelen

Animals	Dieren
Boots	Laarzen
Camping	Kamperen
Cliff	Klif
Climate	Klimaat
Guides	Gidsen
Hazards	Gevaren
Heavy	Zwaar
Map	Kaart
Mountain	Berg
Nature	Natuur
Orientation	Oriëntatie
Parks	Parken
Preparation	Voorbereiding
Stones	Stenen
Summit	Top
Sun	Zon
Tired	Moe
Water	Water
Wild	Wild

House
Huis

Attic	Zolder
Broom	Bezem
Curtains	Gordijnen
Door	Deur
Fence	Hek
Fireplace	Haard
Floor	Vloer
Furniture	Meubilair
Garage	Garage
Garden	Tuin
Keys	Sleutels
Kitchen	Keuken
Lamp	Lamp
Library	Bibliotheek
Mirror	Spiegel
Roof	Dak
Room	Kamer
Shower	Douche
Wall	Muur
Window	Raam

Human Body
Menselijk Lichaam

Ankle	Enkel
Blood	Bloed
Bones	Botten
Brain	Hersenen
Chin	Kin
Ear	Oor
Elbow	Elleboog
Face	Gezicht
Finger	Vinger
Hand	Hand
Head	Hoofd
Heart	Hart
Jaw	Kaak
Knee	Knie
Leg	Been
Mouth	Mond
Neck	Nek
Nose	Neus
Shoulder	Schouder
Skin	Huid

Jazz
Jazz

Album	Album
Applause	Applaus
Artist	Artiest
Composer	Componist
Composition	Samenstelling
Concert	Concert
Drums	Drums
Emphasis	Nadruk
Famous	Beroemd
Favorites	Favorieten
Improvisation	Improvisatie
Music	Muziek
New	Nieuw
Old	Oud
Orchestra	Orkest
Rhythm	Ritme
Song	Lied
Style	Stijl
Talent	Talent
Technique	Techniek

Kitchen
Keuken

Apron	Schort
Bowl	Kom
Chopsticks	Eetstokjes
Cups	Cup
Food	Voedsel
Forks	Vorken
Freezer	Vriezer
Grill	Grill
Jar	Pot
Jug	Kruik
Kettle	Ketel
Knives	Messen
Napkin	Servet
Oven	Oven
Recipe	Recept
Refrigerator	Koelkast
Spices	Specerijen
Sponge	Spons
Spoons	Lepels
To Eat	Eten

Landscapes
Landschappen

Beach	Strand
Cave	Grot
Desert	Woestijn
Geyser	Geiser
Glacier	Gletsjer
Hill	Heuvel
Iceberg	Ijsberg
Island	Eiland
Lake	Meer
Mountain	Berg
Oasis	Oase
Ocean	Oceaan
Peninsula	Schiereiland
River	Rivier
Sea	Zee
Swamp	Moeras
Tundra	Toendra
Valley	Vallei
Volcano	Vulkaan
Waterfall	Waterval

Literature

Literatuur

Analogy	Analogie
Analysis	Analyse
Anecdote	Anekdote
Author	Auteur
Biography	Biografie
Comparison	Vergelijking
Conclusion	Conclusie
Description	Omschrijving
Dialogue	Dialoog
Fiction	Fictie
Metaphor	Metafoor
Narrator	Verteller
Novel	Roman
Poem	Gedicht
Poetic	Poëtisch
Rhyme	Rijm
Rhythm	Ritme
Style	Stijl
Theme	Thema
Tragedy	Tragedie

Mammals

Zoogdieren

Bear	Beer
Beaver	Bever
Bull	Stier
Cat	Kat
Coyote	Coyote
Dog	Hond
Dolphin	Dolfijn
Elephant	Olifant
Fox	Vos
Giraffe	Giraf
Gorilla	Gorilla
Horse	Paard
Kangaroo	Kangoeroe
Lion	Leeuw
Monkey	Aap
Rabbit	Konijn
Sheep	Schaap
Whale	Walvis
Wolf	Wolf
Zebra	Zebra

Math

Wiskunde

Angles	Hoeken
Arithmetic	Rekenkundig
Circumference	Omtrek
Decimal	Decimaal
Diameter	Diameter
Division	Divisie
Equation	Vergelijking
Exponent	Exponent
Fraction	Fractie
Geometry	Geometrie
Numbers	Cijfers
Parallel	Parallel
Polygon	Veelhoek
Radius	Straal
Rectangle	Rechthoek
Square	Vierkant
Sum	Som
Symmetry	Symmetrie
Triangle	Driehoek
Volume	Volume

Measurements

Metingen

Byte	Byte
Centimeter	Centimeter
Decimal	Decimaal
Degree	Graad
Depth	Diepte
Gram	Gram
Height	Hoogte
Inch	Inch
Kilogram	Kilogram
Kilometer	Kilometer
Length	Lengte
Liter	Liter
Mass	Massa
Meter	Meter
Minute	Minuut
Ounce	Ons
Ton	Ton
Volume	Volume
Weight	Gewicht
Width	Breedte

Meditation

Meditatie

Acceptance	Aanvaarding
Attention	Aandacht
Awake	Wakker
Breathing	Ademhaling
Calm	Kalm
Clarity	Helderheid
Compassion	Mededogen
Emotions	Emoties
Gratitude	Dankbaarheid
Happiness	Geluk
Mental	Mentaal
Mind	Geest
Movement	Beweging
Music	Muziek
Nature	Natuur
Peace	Vrede
Perspective	Perspectief
Silence	Stilte
Thoughts	Gedachten
To Learn	Leren

Music

Muziek

Album	Album
Ballad	Ballade
Chorus	Koor
Classical	Klassiek
Eclectic	Eclectisch
Harmonic	Harmonisch
Harmony	Harmonie
Lyrical	Lyrisch
Melody	Melodie
Microphone	Microfoon
Musical	Muzikaal
Musician	Muzikant
Opera	Opera
Poetic	Poëtisch
Recording	Opname
Rhythm	Ritme
Rhythmic	Ritmisch
Sing	Zingen
Singer	Zanger
Vocal	Vocaal

Musical Instruments
Muziekinstrumenten

Banjo	Banjo
Bassoon	Fagot
Cello	Cello
Chimes	Klokkenspel
Clarinet	Klarinet
Drum	Trommel
Flute	Fluit
Gong	Gong
Guitar	Gitaar
Harp	Harp
Mandolin	Mandoline
Marimba	Marimba
Oboe	Hobo
Percussion	Percussie
Piano	Piano
Saxophone	Saxofoon
Tambourine	Tamboerijn
Trombone	Trombone
Trumpet	Trompet
Violin	Viool

Mythology
Mythologie

Archetype	Archetype
Behavior	Gedrag
Beliefs	Overtuigingen
Creation	Creatie
Creature	Wezen
Culture	Cultuur
Deities	Godheden
Disaster	Ramp
Heaven	Hemel
Hero	Held
Jealousy	Jaloezie
Labyrinth	Doolhof
Legend	Legende
Lightning	Bliksem
Monster	Monster
Mortal	Sterfelijk
Revenge	Wraak
Strength	Kracht
Thunder	Donder
Warrior	Krijger

Nature
Natuur

Animals	Dieren
Arctic	Arctisch
Beauty	Schoonheid
Bees	Bijen
Cliffs	Klippen
Clouds	Wolken
Desert	Woestijn
Dynamic	Dynamisch
Erosion	Erosie
Fog	Mist
Foliage	Gebladerte
Forest	Bos
Glacier	Gletsjer
Peaceful	Rustig
River	Rivier
Sanctuary	Heiligdom
Serene	Sereen
Tropical	Tropisch
Vital	Vitaal
Wild	Wild

Numbers
Getallen

Decimal	Decimaal
Eight	Acht
Eighteen	Achttien
Fifteen	Vijftien
Five	Vijf
Four	Vier
Fourteen	Veertien
Nine	Negen
Nineteen	Negentien
One	Een
Seven	Zeven
Seventeen	Zeventien
Six	Zes
Sixteen	Zestien
Ten	Tien
Thirteen	Dertien
Three	Drie
Twelve	Twaalf
Twenty	Twintig
Two	Twee

Nutrition
Voeding

Appetite	Eetlust
Balanced	Evenwichtig
Bitter	Bitter
Calories	Calorieën
Carbohydrates	Koolhydraten
Diet	Dieet
Edible	Eetbaar
Fermentation	Fermentatie
Flavor	Smaak
Health	Gezondheid
Healthy	Gezond
Liquids	Vloeistoffen
Nutrient	Voedingsstof
Proteins	Eiwitten
Quality	Kwaliteit
Sauce	Saus
Spices	Specerijen
Toxin	Toxine
Vitamin	Vitamine
Weight	Gewicht

Ocean
Oceaan

Algae	Algen
Coral	Koraal
Crab	Krab
Dolphin	Dolfijn
Eel	Aal
Fish	Vis
Jellyfish	Kwal
Octopus	Octopus
Oyster	Oester
Reef	Rif
Salt	Zout
Seaweed	Zeewier
Shark	Haai
Shrimp	Garnaal
Sponge	Spons
Storm	Storm
Tides	Getijden
Tuna	Tonijn
Turtle	Schildpad
Whale	Walvis

Physics
Natuurkunde

Acceleration	Versnelling
Atom	Atoom
Chaos	Chaos
Chemical	Chemisch
Density	Dichtheid
Electron	Elektron
Engine	Motor
Expansion	Uitbreiding
Formula	Formule
Frequency	Frequentie
Gas	Gas
Magnetism	Magnetisme
Mass	Massa
Mechanics	Mechanica
Molecule	Molecuul
Nuclear	Nucleair
Particle	Deeltje
Relativity	Relativiteit
Universal	Universeel
Velocity	Snelheid

Plants
Installaties

Bamboo	Bamboe
Bean	Boon
Berry	Bes
Botany	Plantkunde
Bush	Struik
Cactus	Cactus
Fertilizer	Mest
Flora	Flora
Flower	Bloem
Foliage	Gebladerte
Forest	Bos
Garden	Tuin
Grass	Gras
Ivy	Klimop
Moss	Mos
Petal	Bloemblad
Root	Wortel
Stem	Stengel
Tree	Boom
Vegetation	Vegetatie

Professions #1
Beroepen #1

Ambassador	Ambassadeur
Astronomer	Astronoom
Attorney	Advocaat
Banker	Bankier
Cartographer	Cartograaf
Coach	Trainer
Dancer	Danser
Doctor	Dokter
Editor	Editor
Geologist	Geoloog
Hunter	Jager
Jeweler	Juwelier
Musician	Muzikant
Nurse	Verpleegster
Pianist	Pianist
Plumber	Loodgieter
Psychologist	Psycholoog
Sailor	Matroos
Tailor	Kleermaker
Veterinarian	Dierenarts

Professions #2
Beroepen #2

Astronaut	Astronaut
Biologist	Bioloog
Dentist	Tandarts
Detective	Detective
Engineer	Ingenieur
Farmer	Boer
Gardener	Tuinman
Illustrator	Illustrator
Inventor	Uitvinder
Journalist	Journalist
Linguist	Linguïst
Painter	Schilder
Philosopher	Filosoof
Photographer	Fotograaf
Physician	Arts
Pilot	Piloot
Researcher	Onderzoeker
Surgeon	Chirurg
Teacher	Leraar
Zoologist	Zoöloog

Psychology
Psychologie

Appointment	Afspraak
Assessment	Beoordeling
Behavior	Gedrag
Childhood	Jeugd
Clinical	Klinisch
Cognition	Cognitie
Conflict	Conflict
Dreams	Dromen
Ego	Ego
Emotions	Emoties
Experiences	Ervaringen
Ideas	Ideeën
Perception	Perceptie
Problem	Probleem
Reality	Realiteit
Sensation	Gevoel
Subconscious	Onderbewust
Therapy	Therapie
Thoughts	Gedachten
Unconscious	Bewusteloos

Rainforest
Regenwoud

Amphibians	Amfibieën
Birds	Vogels
Botanical	Botanisch
Climate	Klimaat
Clouds	Wolken
Community	Gemeenschap
Diversity	Diversiteit
Indigenous	Inheems
Insects	Insecten
Jungle	Jungle
Mammals	Zoogdieren
Moss	Mos
Nature	Natuur
Preservation	Behoud
Refuge	Toevlucht
Respect	Respect
Restoration	Restauratie
Species	Soort
Survival	Overleving
Valuable	Waardevol

Restaurant #1

Restaurant #1

Allergy	Allergie
Bowl	Kom
Bread	Brood
Cashier	Kassier
Chicken	Kip
Coffee	Koffie
Dessert	Toetje
Food	Voedsel
Ingredients	Ingrediënten
Kitchen	Keuken
Knife	Mes
Meat	Vlees
Menu	Menu
Napkin	Servet
Plate	Bord
Reservation	Reservering
Sauce	Saus
Spicy	Pittig
To Eat	Eten
Waitress	Serveerster

Restaurant #2

Restaurant #2

Beverage	Drank
Cake	Cake
Chair	Stoel
Delicious	Heerlijk
Dinner	Diner
Eggs	Eieren
Fish	Vis
Fork	Vork
Fruit	Fruit
Ice	Ijs
Lunch	Lunch
Noodles	Noedels
Salad	Salade
Salt	Zout
Soup	Soep
Spices	Specerijen
Spoon	Lepel
Vegetables	Groente
Waiter	Ober
Water	Water

Science

Wetenschap

Atom	Atoom
Chemical	Chemisch
Climate	Klimaat
Data	Gegevens
Evolution	Evolutie
Experiment	Experiment
Fact	Feit
Fossil	Fossiel
Gravity	Zwaartekracht
Hypothesis	Hypothese
Laboratory	Laboratorium
Method	Methode
Minerals	Mineralen
Molecules	Moleculen
Nature	Natuur
Organism	Organisme
Particles	Deeltjes
Physics	Natuurkunde
Plants	Planten
Scientist	Wetenschapper

Science Fiction

Meer Informatie

Atomic	Atoom
Books	Boeken
Chemicals	Chemicaliën
Cinema	Bioscoop
Clones	Klonen
Dystopia	Dystopie
Explosion	Explosie
Extreme	Extreem
Fantastic	Fantastisch
Fire	Brand
Futuristic	Futuristisch
Illusion	Illusie
Imaginary	Denkbeeldig
Mysterious	Mysterieus
Oracle	Orakel
Planet	Planeet
Robots	Robots
Technology	Technologie
Utopia	Utopie
World	Wereld

Scientific Disciplines

Wetenschappelijke Discip

Anatomy	Anatomie
Archaeology	Archeologie
Astronomy	Astronomie
Biochemistry	Biochemie
Biology	Biologie
Botany	Plantkunde
Chemistry	Chemie
Ecology	Ecologie
Geology	Geologie
Immunology	Immunologie
Kinesiology	Kinesiologie
Linguistics	Taalkunde
Mechanics	Mechanica
Meteorology	Meteorologie
Mineralogy	Mineralogie
Neurology	Neurologie
Physiology	Fysiologie
Psychology	Psychologie
Sociology	Sociologie
Zoology	Zoölogie

Shapes

Vormen

Arc	Boog
Circle	Cirkel
Cone	Kegel
Corner	Hoek
Cube	Kubus
Curve	Curve
Cylinder	Cilinder
Edges	Randen
Hyperbola	Hyperbool
Line	Lijn
Oval	Ovaal
Polygon	Veelhoek
Prism	Prisma
Pyramid	Piramide
Rectangle	Rechthoek
Round	Ronde
Side	Kant
Sphere	Bol
Square	Vierkant
Triangle	Driehoek

Spices
Specerijen

Anise	Anijs
Bitter	Bitter
Cardamom	Kardemom
Cinnamon	Kaneel
Clove	Kruidnagel
Coriander	Koriander
Cumin	Komijn
Curry	Kerrie
Fennel	Venkel
Fenugreek	Fenegriek
Flavor	Smaak
Garlic	Knoflook
Ginger	Gember
Nutmeg	Nootmuskaat
Onion	Ui
Paprika	Paprika
Saffron	Saffraan
Salt	Zout
Sweet	Zoet
Vanilla	Vanille

The Company
Het Bedrijf

Business	Zaak
Creative	Creatief
Decision	Beslissing
Global	Globaal
Industry	Industrie
Innovative	Innovatief
Investment	Investering
Possibility	Mogelijkheid
Presentation	Presentatie
Product	Product
Professional	Professioneel
Progress	Vooruitgang
Quality	Kwaliteit
Reputation	Reputatie
Revenue	Inkomsten
Risks	Risico'S
To Generate	Genereren
Trends	Trends
Units	Eenheden
Wages	Loon

The Media
De Media

Advertisements	Advertenties
Attitudes	Houding
Commercial	Commercieel
Communication	Communicatie
Digital	Digitaal
Edition	Editie
Education	Onderwijs
Facts	Feiten
Funding	Financiering
Individual	Individueel
Industry	Industrie
Intellectual	Intellectueel
Local	Lokaal
Magazines	Tijdschriften
Network	Netwerk
Newspapers	Kranten
Online	Online
Opinion	Mening
Public	Publiek
Radio	Radio

Time
Tijd

Annual	Jaarlijks
Before	Voor
Calendar	Kalender
Century	Eeuw
Clock	Klok
Day	Dag
Decade	Decennium
Early	Vroeg
Future	Toekomst
Hour	Uur
Minute	Minuut
Month	Maand
Morning	Ochtend
Night	Nacht
Noon	Middag
Now	Nu
Soon	Spoedig
Today	Vandaag
Week	Week
Year	Jaar

Town
Stad

Airport	Luchthaven
Bakery	Bakkerij
Bank	Bank
Bookstore	Boekhandel
Cinema	Bioscoop
Clinic	Kliniek
Florist	Bloemist
Gallery	Galerij
Hotel	Hotel
Library	Bibliotheek
Market	Markt
Museum	Museum
Pharmacy	Apotheek
School	School
Stadium	Stadion
Store	Winkel
Supermarket	Supermarkt
Theater	Theater
University	Universiteit
Zoo	Dierentuin

Universe
Universum

Asteroid	Asteroïde
Astronomer	Astronoom
Astronomy	Astronomie
Atmosphere	Atmosfeer
Cosmic	Kosmisch
Darkness	Duisternis
Equator	Evenaar
Hemisphere	Halfrond
Horizon	Horizon
Latitude	Breedtegraad
Longitude	Lengtegraad
Moon	Maan
Orbit	Baan
Sky	Hemel
Solar	Zonne
Solstice	Zonnewende
Telescope	Telescoop
Tilt	Kantelen
Visible	Zichtbaar
Zodiac	Dierenriem

Vacation #2
Vakantie #2

Airport	Luchthaven
Beach	Strand
Camping	Kamperen
Destination	Bestemming
Foreign	Buitenlands
Foreigner	Buitenlander
Holiday	Vakantie
Hotel	Hotel
Island	Eiland
Journey	Reis
Leisure	Vrije Tijd
Map	Kaart
Mountains	Bergen
Passport	Paspoort
Sea	Zee
Taxi	Taxi
Tent	Tent
Train	Trein
Transportation	Vervoer
Visa	Visum

Vegetables
Groenten

Artichoke	Artisjok
Broccoli	Broccoli
Carrot	Wortel
Cauliflower	Bloemkool
Celery	Selderij
Cucumber	Komkommer
Eggplant	Aubergine
Garlic	Knoflook
Ginger	Gember
Mushroom	Paddestoel
Onion	Ui
Parsley	Peterselie
Pea	Erwt
Pumpkin	Pompoen
Radish	Radijs
Salad	Salade
Shallot	Sjalot
Spinach	Spinazie
Tomato	Tomaat
Turnip	Raap

Vehicles
Voertuigen

Airplane	Vliegtuig
Ambulance	Ambulance
Bicycle	Fiets
Boat	Boot
Bus	Bus
Car	Auto
Caravan	Caravan
Ferry	Veerboot
Helicopter	Helikopter
Motor	Motor
Raft	Vlot
Rocket	Raket
Scooter	Scooter
Shuttle	Shuttle
Submarine	Onderzeeër
Subway	Metro
Taxi	Taxi
Tires	Banden
Tractor	Tractor
Truck	Vrachtauto

Visual Arts
Beeldende Kunsten

Architecture	Architectuur
Artist	Artiest
Ceramics	Keramiek
Chalk	Krijt
Charcoal	Houtskool
Clay	Klei
Composition	Samenstelling
Creativity	Creativiteit
Easel	Ezel
Film	Film
Masterpiece	Meesterwerk
Painting	Schilderij
Pen	Pen
Pencil	Potlood
Perspective	Perspectief
Photograph	Foto
Portrait	Portret
Sculpture	Beeldhouwwerk
Stencil	Stencil
Wax	Was

Congratulations

You made it!

We hope you enjoyed this book as much as we enjoyed making it. We do our best to make high quality games.
These puzzles are designed in a clever way for you to learn actively while having fun!

Did you love them?

A Simple Request

Our books exist thanks your reviews. Could you help us by leaving one now?

Here is a short link which will take you to your order review page:

BestBooksActivity.com/Review50

MONSTER CHALLENGE!

Challenge #1

Ready for Your Bonus Game? We use them all the time but they are not so easy to find. Here are **Synonyms**!

Note 5 words you discovered in each of the Puzzles noted below (#21, #36, #76) and try to find 2 synonyms for each word.

Note 5 Words from ***Puzzle 21***

Words	Synonym 1	Synonym 2

Note 5 Words from ***Puzzle 36***

Words	Synonym 1	Synonym 2

Note 5 Words from ***Puzzle 76***

Words	Synonym 1	Synonym 2

Challenge #2

Now that you are warmed-up, note 5 words you discovered in each Puzzle noted below (#9, #17, #25) and try to find 2 antonyms for each word.
How many lines can you do in 20 minutes?

*Note 5 Words from **Puzzle 9***

Words	Antonym 1	Antonym 2

*Note 5 Words from **Puzzle 17***

Words	Antonym 1	Antonym 2

*Note 5 Words from **Puzzle 25***

Words	Antonym 1	Antonym 2

Challenge #3

Wonderful, this monster  challenge is nothing to you!

Ready for the last one? Choose your 10 favorite words discovered in any of the Puzzles and note them below.

1.	6.
2.	7.
3.	8.
4.	9.
5.	10.

Now, using these words and within a maximum of six sentences, your challenge is to compose a text about a person, animal or place that you love!

Tip: You can use the last blank page of this book as a draft!

Your Writing:

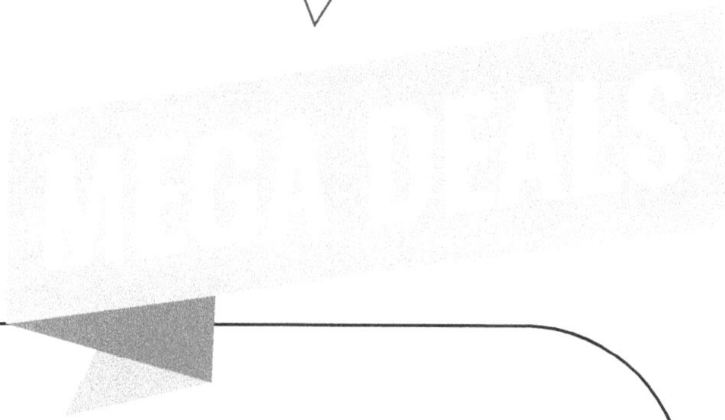

NOTEBOOK:

SEE YOU SOON!

Linguas Classics Team

www.ingramcontent.com/pod-product-compliance
Lightning Source LLC
Chambersburg PA
CBHW082011140626
46553CB00021B/2831
9798896707875